最初から「100回客」を集める方法

高田 靖久

同文舘出版

150円で、ここまでする「とある店」

はじめに

——質問

商品の品質が同じだとして、「安い店」と「高い店」のどちらを選ぶだろうか？

「とあるクリーニング店」がある。
このお店の洗い方はすごい。

何と、**ワイシャツを、「お湯」で洗っているのである。**

なぜ、ワイシャツをお湯で洗うのだろうか？　たとえば、食器を洗うときはお湯で洗うと思う。理由は、水よりもお湯で洗ったほうが、汚れ落ちがいいからだ。主婦の方であれば、それはわかっているが、家庭用洗濯機は水で洗っている。

当然、お湯で洗うほうが光熱費はかかる。だが、このクリーニング店は、お客様のために、あえてお湯で洗っているのだ。

しかも、これだけではない。ワイシャツは、エリやソデに汚れがこびりつきやすい。その汚れを落とすために全体の洗う強度を強めてしまうと、他の薄い生地の部分が傷みやすくなってしまう。そこで、このクリーニング店は「プレ処理」を行なう。**つけ置きして、汚れを浮かした後で、お湯で洗うのだ。**

さらに、手が込んでいる。**すすぐときもお湯を使う。**そのほうが、汚れ落ちがいいからである。**しかも、あえて温度変化をつける。**洗うお湯は60度だが、すすぐときは、50度のお湯ですすぐ。**温度変化をつけることで、洗いによって伸びがちになるワイシャツの生地が引き締まるからだ。**

これで話は終わらない。汚れというのは、温度によって落ち方が変わってくる（厳密に言うと、洗剤が反応するのに適切な温度が必要だということらしい）。前述した「60度の洗い」と、「50度のすすぎ」だけでは、取れていない汚れも存在する。

だからもう一度洗う。次は温度を変えて55度のお湯で洗ったものを、45度のお湯ですすぐ。

つまり、この店では、**1枚のワイシャツを2回洗っているのである。**

その後乾かしてプレスをするのだが、洗うだけでもこれだけのことを行なっているのだ。**誌面の都合上、書き切れないが、乾燥やプレスにも相当なこだわりを持っている。**

▼この「とあるクリーニング店」のワイシャツが1枚150円
▼近隣のライバルクリーニング店のワイシャツも1枚150円

価格が同じであれば、あなたはどちらのクリーニング店を選ぶだろう?

当然、前者だろう。いや、価格が多少高くたって、「ワイシャツを大事にしたい」、「ワイシャツをいつもパリッとさせておきたい」と思う方は、前者を選ぶはずある。

⑧とあるクリーニング店の正体

「高田さん、それは話が違う。そこまでの品質の違いがあれば、前者を選ぶけれども、質問は品質に違いがないことが前提だったでしょう」と思われるかもしれない。

だが、そうではない。

この「とあるクリーニング店」の洗い方。これは……**日本全国、わりと多くのクリーニング店がやっていることなのだ。**「温度設定」や「洗う回数」「プレ処理をどうするのか」などは、お店ごとに違いがあるものの、実際にはもっと細かいことまでやっていて、話を聞くと、「ここまでやってくれて本当に150円でいいの?」と思ってしまうお店もあるほどだ。

ところが、肝心のお店側が、このすごさに気づいていない。

「そんなこと、よそのクリーニング店でもやっていることだし、お客様も知っている」と**勝手に思っている。**

でも、……あなたはこの洗い方を知っていただろうか? 恐らく知らなかったはずだ。では、この「とあるクリーニング店」が伝えたことは何なのか?

——そう。

価値観だ

その業界からしてみると、当たり前のことかもしれないが、素人のお客様からしてみると、「そこまでこだわってやっているのか!」ということがたくさんある。お客様は、あなたのようなプロではない。あなたが思っている以上に、正しい知識を知らないのだ。だからそれを伝えはじめると、「**あのお店だけが**、そこまでこだわってやっているのか」と思い、新規客が集まりはじめる。

隣のライバル店は、「うちも同じことをしているのに、何であのお店にお客様は集まるのか？」と、きっと首をかしげていることだろう。理由は簡単。ライバル店では、それを伝えていないからだ。お客様からしてみれば……、

お店が伝えていないことは、やっていないに等しいのである。

だからこそ、あなたのお店は、この「価値観」を伝えよう。もちろん、何をどう伝えればよいかは、本書で詳細に紹介する。

本書はタイトル通り、「新しいお客様を集める」ことに焦点を当てた本である。

だが、世にある類書とは一線を画する。現在、多くのお店が、安さを売りにして新規客を集めている。だが、**大きな割引で集めたお客様は「1回きり」で終わりやすい**。

いくら新規客をたくさん集めても、1回きりのお客様ばかりでは、売上げは増えない。毎月

1回きりのお客様を100人集め、「その月の売上げをつくって終わり」という状態だ。しかも、その売上げを維持しようと思えば、毎月大きな割引を使い、100人のお客様を集め続けなければならない。100人もの新規客を毎月集め続けるのに、どれだけの経費と手間がかかるだろうか？　想像しただけでも身震いするが、現在多くのお店が、この渦にはまって抜け出せていない。

本書の狙いは、その「真逆」にある。

最初から「100回客」を集める

今後、あなたのお店に「100回以上利用してくれるお客様」を、**最初から狙って集客する**のである。

私は、元・コンピュータ屋だ。美容院や飲食店に、「顧客管理ソフト」の提供と「顧客戦略」を実践するためのサポートをしてきた。自慢ではないが、過去に1800店舗以上の販売実績を持ちあわせている。その中で、効果の高い顧客管理のノウハウを身につけてきた。これを【店舗経営　売れる仕組み構築プログラム】として体系化することに成功した。現在では独立し、このノウハウを全国に拡げるための普及活動と、実践したいお店への「顧客戦略ツール」の提供、およびその支援を行なっている。

⑧店舗経営「売れるしくみ」構築プログラム　4つのSTEP

私が提唱する【「売れるしくみ」構築プログラム】には、次の4つのステップがある。

- **第1ステップは、新規客を【集める】手法**
- **第2ステップは、お客様を【固定客にする】手法**
- **第3ステップは、お客様を【成長させる】手法**
- **第4ステップは、お客様を【維持する】手法**

このうち、【第1ステップ・新規客を集める手法】と【第2ステップ・お客様を固定客にする手法】については、拙著『「1回きりのお客様」を「100回客」に育てなさい！』（同文舘出版）で、また【第3ステップ・お客様を成長させる手法】については、拙著『お客様は「えこひいき」しなさい！』（中経出版）にて、さらに、【第4ステップ・お客様を維持する手法】については、拙著『お客様が「減らない」店のつくり方』（同文館出版）にてくわしくご紹介した。つまり、４つのＳＴＥＰの全貌は、過去の拙著ですべてをご紹介した。しかし、時代は進化する。なかでも「新規客を集める方法」については、まったく新しい手法が生まれてきた。前述したように、あなたのお店を「１００回以上利用してくれるお客様」を、最初から狙って集客する方法だ。

本書では、**その全貌を解き明かす**。

⑧ 本書で公開する内容

デジタル社会となった現代。多くのお店が、インターネットを活用した集客に必死だ。だが、実はそこに大きな落とし穴もある。まずは、そこを問題提起したい。そこで、

1章では、ネット集客も含めた、**現代社会の「間違った新規集客方法」**について指摘する。さらに、目先の売上げよりも、**「長期的な売上げに目を向ける重要性」**についてお気づきいただく。

2章では、**「あなたのお店に新規客が集まらない「3つ」の理由」**を解き明かす。さらに、この章を読み進めていただくと、**「インターネットに打ち勝つ方法」**の存在が明らかになる。とても大事な章となるので、ここは読み飛ばさずに精読していただくことをおすすめする。

3章では、いよいよ「**100回客」を集める画期的手法**について、総論を述べる。具体的活用方法については、その後の章になるが、その前に知っておかなければならない本質についてご説明する。この章を読まずして、ツールのみを活用してはならない。

4章から5章が、本書の肝となる、「**100回客」を集めるツールの「具体的な作り方」と「その活用方法」**を、成功事例とともにご説明する。複数の成功事例が紹介できることこそが、この手法が再現性の高いものである何よりの証拠となる。

最終章では、本書の内容を簡単にまとめておこう。デジタル社会だからこそ、その逆を張る。「商売の本質」について、最終章で語らせていただく。

⑧ライバル店の常連客は、一生他店に浮気をしないのか？

ここで、本書の考え方のヒントを紹介しておこう。

どんなお店にも常連客が存在する。他店の常連客は、すでにその店の100回客と言えるだろう。ただ、その常連客は、この先も、そのお店の常連客なのだろうか？　一生涯、その同じお店を使い続けるのだろうか？　その可能性はきわめて低い。いつの日か、必ず浮気する日が来る。必ず来るのだ。そのお客様を狙って、焦点を当てる。

ただ、そんな日がいつ訪れるのかがわからない。わからないなら……それを補う方法を考えればいい。客単価が高く、利用回数も多く、優しく愛想もよく、あなたのお店を口コミまでしてくれる。そんなお客様を増やす方法を本書では解き明かそう。

世のどんなコンサルタントも提唱していない、

今から出会うであろう、まだ会ってもいない新規客との関係を育てる

という新しい経営手法を、本書では公開する。

あなたのお店が、この後1年で閉店しようと考えているのであれば、本書の内容は必要ない。ここで本を閉じて、書店の棚に戻していただいてかまわない。**だが、あなたがこの先10年以上・安定して長い経営を続けたいのであれば、本書の内容はとても有益なものとなる。**

その上で、冒頭に言っておかなければならないことがある。

本書の内容は、決して「楽して儲けよう」というものではない。どちらかというと、面倒でたいへんだ。しかし、だからこそ、手堅い。だからこそ、多くのお店が真似をしない。私もすべての読者に真似をしてもらおうとも思わない。

・集客サイト、SNSなど、ネット集客に疑問を抱きはじめた、

・フリーペーパー、割引チラシなどで、新規集客に限界を感じはじめた、

そして何より、

「当店の価値をご理解いただけるお客様」であふれるお店を作りたい。

そんなお客様に、愛されながら、楽しく、末永く、安定した経営をしていきたい。

そうお考えのあなたにこそ、この本を読んでいただきたい。

高田　靖久

3章 売上半減の業界から生まれた新規集客方法——69

4章 「100回客」をザクザク集める方法

装丁・本文デザイン　ホリウチミホ（ニクスインク）

1章

ネット集客の落とし穴

間違った新規集客方法

1 気づかれていない「ネット集客の限界」とは?

8 間違った新規集客方法

「新規客を増やしたい」――集客に苦戦しているお店はもちろん、繁盛店であっても、そう思っている。なぜなら、繁盛していても、不安を感じているからである。今、来てくれているお客様方が、いつの日か「パタッと来なくなってしまう」かもしれない。その不安を覆い隠すように、新規集客に翻弄される。

そこで、多くのお店が行なうのが「安売り集客」。

一昔前・美容院や飲食店の多くが、こぞって使っていた集客ツールがある。「フリーペーパー」だ。美容院であれば、「初回お試し30%オフ」などのクーポンをつけ、その安さに興味を示したお客様が集まってくる。

しかし、安さを売りに集めたお客様は、次も同じくらい安くしないと来ていただきにくい。なので、お客様が定着しない。つまり、この行為は安さを売りにして「1回きりのお客様」ばかりを集めているにすぎなかった。これでは、いくら新規客を増やしても売上げは上がらない。

ただ、たとえ「1回きりのお客様」であっても、その日の売上げにつながることは間違いない。また、すべてのお客様が1回きりで終わるわけではない。多くのお客様が集まれば、そのうち少しはリピーターになっていただける。その目先の反応のよさと掲載する手軽さゆえに、多くのお店がフリーペーパーを利用した。

――だが、それがよくなかった。

掲載されるお店が増えれば、それに反比例して自分のお店を見つけて、選んでもらうことが難しくなる。反応が徐々に悪くなっていった。運営会社の営業マンに相談すると、「広告枠を大きくしましょう!」と提案される。その言葉を信じて、広告枠を大きくすると、読者の目に止まりやすくなり、選ばれやすくなった。

ところが、しばらくするとその反応も小さくなりはじめる。当然だ。反応が悪くなったお店が、同じように相談し、同じように大きな広告枠を提案される。あなたのお店がその状況を営業マンに相談すると、「今度は、もっと大きな広告枠に変えましょう！」と提案される。以下、同じことの繰り返しとなる。

その結果、ふくらんでいく広告費について行けなくなり、個人店が離脱。現在では、ページ数も薄くなり、掲載されているお店の多くが、資金豊富なチェーン店で埋め尽くされている。廃刊を余儀なくされたフリーペーパーも多い。

⑧ネット集客の限界

このフリーペーパーと入れ替わるように、救世主が現われる。インターネットだ。フリーペーパーの反応がよかった頃のように、インターネットにもその波が押し寄せた。

しかし、多くのお店がインターネットで集客をはじめた結果、その市場も激戦状態になった。自分の業種と地域名で検索しても、なかなか検索結果の1ページ目に表示されない。

ごぞんじの通り、インターネットでは、検索結果の1ページ目、（中でもその上位）に表示されなければ、選んでいただけるどころか、そもそも見つけてもいただけない。運営会社の営業マンに相談すると、「検索の1ページ目に表示されるように、広告料金を上げましょう！」……この繰り返しになる可能性も否めない。もしかすると、この先は、フリーペーパーと同じ道を歩む可能性さえある。

ただ、私はインターネット集客を否定しているわけではない。投資効果から考えると、うまく活用すれば、大きな効果を生むこともある。私がクライアントに、集客サイトへの掲載をおすすめすることもある。

だが、今、このインターネット集客こそが飽和状態なのだ。一昔前であれば、少し経費をかければ1ページ目に表示されていたものが、現代では個人企業が簡単に投資できるような金額ではなくなりつつある。

しかも、インターネットでは、検索している人しか、集客の対象にはならない。つまり、**ネットだけでの集客は、検索していない人全員が、集客対象からはずれてしまっているのだ**。あなたが店舗経営者であれば、その多くは限られた商圏の中で、地域密着の商売をしているはずだ。その狭い商圏内の「今、検索している人」だけを対象に、新規集客を行なっていて本当にいいのだろうか？

また、近年多くのお店がチャレンジしているのが「ＳＮＳ」での集客。もちろん、これは「既存客」に対しては大事なことだ。だが、私が知っている限り、ＳＮＳで新規集客に成功しているお店は……どちらかというと希な存在だ。「毎日頭を悩ませて投稿しているが、その時間に見合うだけの新規客は、なかなか集まらない」と耳にする。「そんな面倒なことはしない。うちはＳＮＳ映えする商品を作り、それをバズらせ、集客につなげる」もちろん、それが簡単にできれば話は早いが、そもそもＳＮＳ映えする商品をつくることが最も難しい。その上、それをバズらせる？　そんなスゴイ技を狙ってできる人は、ほんのひとにぎりの人に限られるだろう。

割引集客だって、全否定しているわけではない。特に新規集客においては、多少のお得感を打ち出さなければならないこともある。それほどまでに、今の時代、新規集客は難しい。

だが、新規集客と同じくらい（いや、本来であればそれ以上に）、大事なことがある。それが、「お客様の維持」だ。なかでも、常連客ほど、他店に奪われないように維持しなければならない。

なぜなら、長期安定経営には必ず「常連客」が必要だからだ。

「お客様の維持」と言うと、本書の趣旨である「新規集客」とは関係ない話に聞こえるかもしれない。だが、そうではない。実はここそが表裏一体。くわしくは3章でご説明するが、実は、とある業界で「常連客を維持する販促」を続けた結果、新規客が増えてきたのである。ここで、その販促について、少し触れておこう。

⑧常連客を維持する、代表的な販促ツールとは？

たしかに割引集客は、新規客が集まりやすい。その数の多さゆえ、「うちの店の売上げは、新規客で支えられている」と思ってしまうこともあるだろう。だが、多くの場合そうではない。いくら新規客の数が多かろうと、お店の年間売上げに占める割合は、10％前後というお店がほとんどだ。

では、お店の売上げは、誰に支えられているのだろうか。そう、既存客だ。中でも、**あなたのお店の売上げの75％は、売上上位30％のお客様で維持されている**。つまり、あなたのお店の実態は、既存客の集まりなのだ。あなたのお店が長い経営を望んでいるのならば、この「お客様の維持」にこそ、最大限の力を注がなければならない。

あなたのお店は、今後、５年、10年、20年、いやそれ以上に長い経営を行ないたいはずだ。それなのに、「近くに新しいお店ができた→既存のお客様がダーッと、その店に浮気した」「近くのお店が値段を下げた→既存のお客様がダーッと浮気をした」これでは、長期安定経営なんてむずかしい話だろう。

だからこそ、長く・安定した経営を行ないたいのであれば、極論、近くに何が起こっても「ビクともしない売上げ」を築かなければならない。新しいお店ができようが、ライバル店が安くしようが揺るがない。そんな確固たる売上げを築き上げるのだ。つまり、

売上げを固定化させるのである。

では、売上げを固定化させるって、どういうことだろう?

売上げを生んでいるのは１００%既存客である。その売上げを生んでいる既存客を、他店に奪われないようにする。今まで以上にしっかりと固定化していくのだ。極論、昨年利用いただいたお客様達が、同じ人数・同じ利用回数・同じ客単価で今年も利用いただければ、あなたのお店の売上げは下がることはない。売上げが下がるということは、少なからず既存客の減少に

要因があるのだ。

では、どうすれば、既存客が、今まで以上にあなたのお店に長く通っていただけるだろうか？　多くのお客様は「新しいお店が好き」「安いお店が好き」だ。そんな中で、どうすればお客様の浮気を防ぐことができるのだろう？

そのために、最も大事なことがある。それが、

売ることよりも、売った後に一所懸命であることだ。

これは、あなたがお客様の立場になればわかりやすい。

あなたは、どんなお店ほど価格に関係なく利用したいと思うだろうか？　商売のことしか考えず、毎回行くたびに「買ってくれ、買ってくれ」と売り込みばかりをする店だろうか？　恐らく違うはずだ。売った後、「あなたのことを気にしてくれる」。売った後、「売った商品のことを気にしてくれる」。そんなお店こそ、価格にあまり影響されず、長く通いたいと思うはずである。

たとえば、美容院であれば、新しいパーマをかけた翌日に「今日はご自分でのセットうまく

いきましたか？　初めてのパーマなので苦戦されているかもしれませんね。雨の日のセットのコツをアドバイスしますので、もしお時間があれば、仕事の帰りにお寄りになりませんか？」と気にしてくれる。そんなお店だからこそ、「多少高くたって、あのお店がいいよね」と、浮気できなくなる。いや、仮に浮気をしたって、「ん？　新しいお店って……売りっぱなしだね。前のお店って、私のことをすごく気にかけてくれていたんだ」と気づき、戻ってきていただけるのだ。

そのために、売り込みばかりではなく、「売り込まないＤＭ」を継続して送り続ける。あなたのお店が、そのお客様のことを気にしていることがわかるように、思いを込めて、感情を込めて、お客様といつもつながっておけるように、「売り込まないＤＭ」を送り続けるのだ。お客様のことを気にして、送り続けるからこそ、今まで以上に関係が深まり、信頼が高まる。関係が深まれば、お客様が浮気をしにくくなる。信頼が高まれば、高い商品が売れやすくなる。

その売り込まないＤＭの正体が……【ニュースレター】だ。

⑧新規客を集める代表的な販促ツールとは？

だが、私は「新規集客をしなくてよい」と言っているのではない。なぜなら、１００回客は

「新規客の中」からしか生まれて来ないからだ。今あなたのお店の常連客も、例外なく全員が「1回目」からはじまっている。1回目の次は2回目、2回目の次は3回目。この積み重ねが、常連客になり、100回客に成長していくのである。

ただし、データで見る限り、大きな割引で集客したお客様は、リピート率が低い。極端な話、1回きりで終わりやすいのである。つまり、割引集客だけだと、「今後、100回以上利用していただけるお客様」を取り損ねている可能性が高い。そこをあなたのお店では補っていく必要がある。

そこで、発想を転換して考えたい。

・大きな割引で集客したお客様は、1回きりで終わりやすい

のであれば、その逆はどうなるのか。

――そう。

・大きな割引を使わずに集客したお客様は、常連客になりやすい

が、その答えとなる。

では、どうすれば、大きな割引を使わずに、新規客を集めることができるのだろうか。しかも、常連客になりやすいお客様を、だ。

答えは簡単。

お店が「価値観」を発信することだ。

浮気しようと思っているお客様の心理を考えていただきたい。なぜ、そのお客様は今通っているお店から浮気しようと思っているのだろうか。不満を抱えているからだ。今通っているお店の「商品」「スタッフ」「接客」「お店の雰囲気」に、少なからず不満を抱えているからだ。

不満を抱えていなければ、浮気をしようとは思わないだろう。

「もっとキレイになれないかしら？」「もっと快適に過ごせないかなー」

そんな不満を今のお店に抱いているから、浮気をしようと思っているのである。

それなのに、そのお客様に「安い」ことを提案したって、

「今のお店で満足できないのに、もっと安くなったら……もっと満足できないよね」。

そう思うに違いない。

だから、あなたのお店は**「価値観」を発信する**のである。

その価値観に共鳴したお客様にお越しいただければ……？　そう、**価値観が合うお客様だからこそ、常連客になりやすい**。つまり、１００回客になりやすいのだ。

その新規客を価値観で集めるツールの正体が……【配布メニュー】だ。

⑧「ニュースレター」と「配布メニュー」から波及した新しい集客ツール

既存客を維持するための【ニュースレター】と、新規客を価値観で集めるための【配布メニュー】。どちらも画期的なツールであり、多くのお店で活用いただいている。

この２つのツールについての詳細説明は、本書では割愛するが、気になる方は拙著『「１回きりのお客様」を「１００回客」に育てなさい！』でくわしく解説しているので、そちらをご参照いただきたい。

ただ、**本書でこの後紹介する【新しいツール】**においても、この「ニュースレター」と「配布メニュー」の存在が大きく影響してくる。なので、最低限の情報は本書でも触れていく。前著をお読みでない方も、安心してこの後を読み続けていただきたい。

2 なぜ、「100回客」を集めることが重要なのか？

⑧ 最初から「100回客」を集める重要性

本書は、タイトル通り「新規客を集める」ことに焦点を当てた。

だが、前述したように多くのお店が、安さを売りにして「1回きりのお客様」ばかりを集めている。本書では、その考えを根底から覆す。

最初から「100回客」を集める。

今後、あなたのお店に100回以上利用してくれそうなお客様を、最初から狙って集客するのである。

狙いは広い地域を対象に、「1回きりのお客様」をたくさん集めることではない。価値観で集客して（少なくても構わないので）、今後「１００回」利用してくれるお客様を、一人でも多く増やすことだ。これがいかに重要なことなのか？　大事なことなので、ここでわかりやすく説明しておこう。

❽「100人集め続けたお店」と、「10人集め続けたお店」の意外な結末

たとえば、A店。毎月10万円のコストをかけて、割引集客をしていたとする。

その結果、毎月「１００人」もの新規のお客様が集まった。一人のお客様が1回1万円利用してくれるとすれば、毎月の売上げは「１００万円」。

ただ、大きな割引で集客しているので、ほとんどのお客様が「1回きり」だ。それくらい大きな割引を使わなければ、１００人もの新規客を集めることは難しい。ここではわかりやすくするために、すべてのお客様が1回きりだと仮定しよう。

では、このA店の10年後の月間売上げはいくらになるだろうか？

――そう、相変わらず１００万円。

なぜなら、すべてのお客様が1回きりならば、毎月１００人の「1回きりのお客様」を集め

A店

・毎月100人の新規客

・そのすべてが「1回きり」と仮定

1月　100人　100万円の売上げ

2月　100人　100万円の売上げ

3月　100人　100万円の売上げ

4月　100人　100万円の売上げ

5月　100人　100万円の売上げ

⋮

10年後の1月　100人　あいかわらず100万円の売上げ

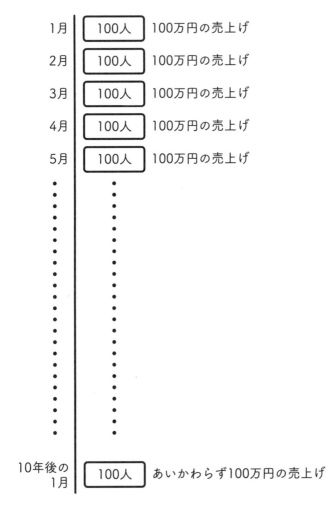

て100万円を作り続けているに過ぎないからだ。

「10万円の経費で100万円の売上げをつくり続けているのだから、毎月90万利益が残るからいいじゃない」という考えもあるだろう。もちろんそうだ。しかし、10万円の経費で、毎月100人もの新規を集客し続けられる方法を、私は今のところ存じ上げない。ただ、ここではわかりやすくするために、「10万円の経費で、毎月100人を集め続けられた」という前提で話をすすめていこう。

一方でB店。同じく毎月10万円のコストをかけていたが、「価値観」で集客を続けていたとしよう。割引はつけていないので反応は少ない。毎月「10人」のお客様しか集客できていなかった。10人だと初月度の売上げは「10万円」。経費しか取り返せていない。しかし、価値観で来ていただいたお客様なので、リピート率は高い。ここではわかりやすくするために、「その後全員が毎月来てくれた」と仮定しよう。

では、このB店の10年後の月間売上げはいくらになるだろうか?

――驚くなかれ。**1200万円だ。**

前述のA店が、毎月100人もの新規客を集め続けてきたのに、10年後の月間売上が

B店

・毎月10人の新規客

・そのすべてが「リピーター」と仮定

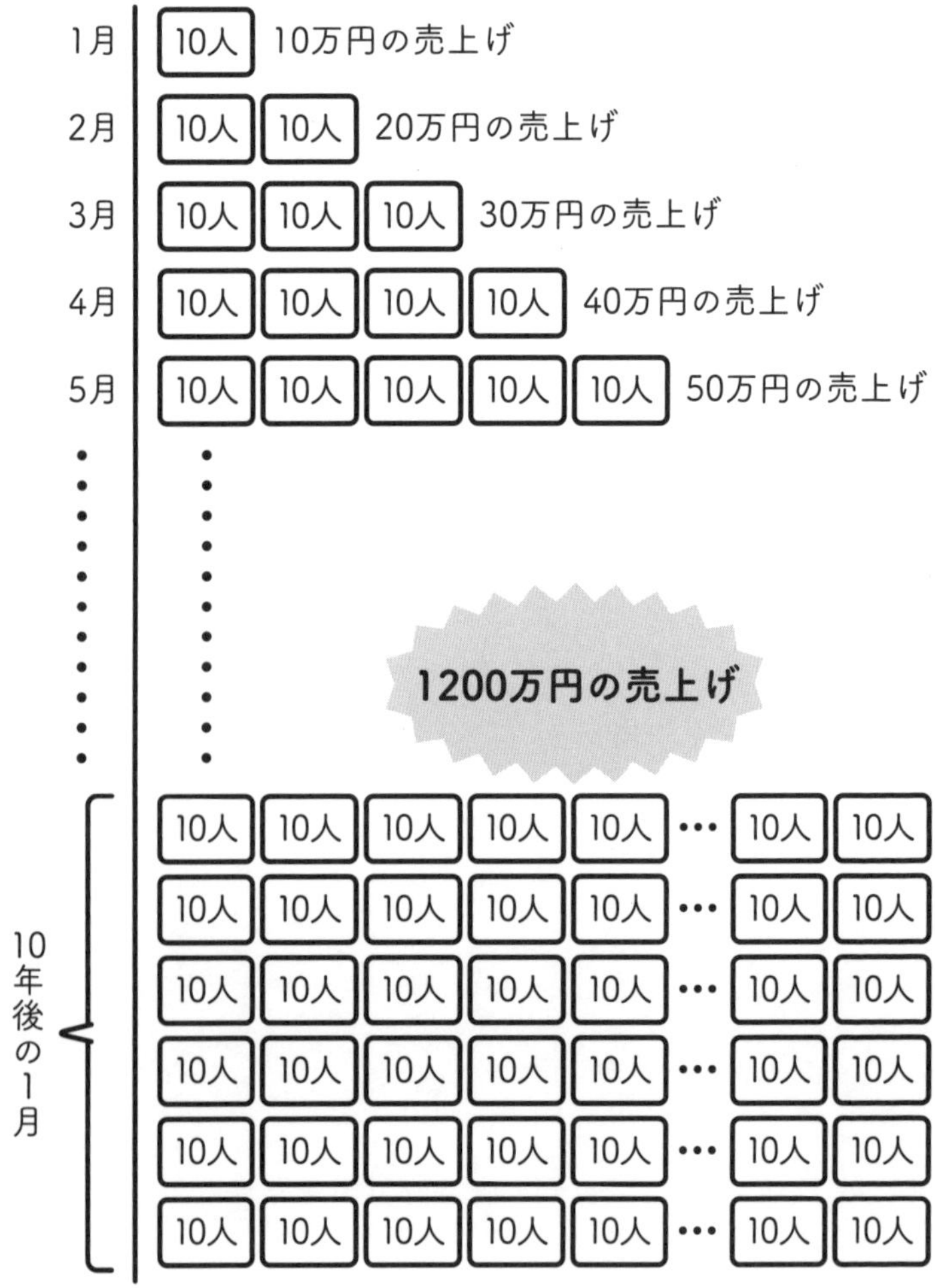

100万円。その一方で、毎月10人しか集められなかったB店では、10年後の月間売上げが1200万円にもなっている。

わずか10人のお客様しか集められなくても、そのお客様が累積されていけば、徐々に売上げは拡大され、雪だるま式に増えていく。10人が20人、20人が30人、長く経営を続ければ続けるほど、どんどんお客様が累積されていくのである。

⑧「その月の売上げをつくって終わり」からの脱却

もちろん、今の話は、「本書で伝えたい重要性」をわかりやすくするために、極端な数字を使ったものである。実際には、大きな割引をしたからと言って、全員が1回きりで終わるわけではない。ある程度は常連客に引き上がっていく（ただ、やはり低い数字ではある）。

また、価値観で集めたからといって、全員が常連になるわけでもない。残念ながら1回きりで終わるお客様だっていらっしゃる。ただ、当社が持っているデータを紹介すれば、**価値観で集めたお客様は、8割以上がリピーターになっていく。**

しかも、前述したが、今の時代、10万円のコストをかけたからといって、１００人もの新規客を集めることはむずかしい。だが、一方で10万円のコストで価値観が合う10人の新規客を集める方法であれば、この後、本書にて包み隠さず公開する。

事実、本書で紹介するお店では、その2倍、3倍の価値観が合う新規客を集め続けている。

いくら新規客を集めても、1回きりのお客様ばかり集めてしまっては、お客様が累積されない。累積されないから、またお客様を集めなければならない。

つまり、「1回きりのお客様」をたくさん集めて、**「その月の売上げをつくって終わり」**という状態だ。そして、翌月も、さらに翌月も、同じことの繰り返し。多くのお店がこの渦から抜け出せない。

本書の狙いは、その「真逆」にある。

最初から「１００回客」を集める。

今後は、あなたのお店に１００回以上利用してくれそうなお客様を、最初から狙って集客するのだ。

そのためには、まずはその原理を知る必要がある。

そもそも、なぜ新規客を集めるのが難しいのか？
そこには大きく**「3つの理由」が存在する。**

この「3つの理由」を知ることで、あなたの集客の考えは180度変わることとなるだろう。

2章

新規客が集まらない「3つ」の理由

100

1 あなたのお店に「100倍以上通いやすい」お客様

【大事な質問】をひとつ

ここで大事な質問。

あなたが今、新型の「液晶テレビ」を買いたいと思っている。
どこのお店で、その「液晶テレビ」を買うだろうか？

ビックカメラ？　ヤマダ電機？　それともネットにつないでamazonで買う？　具体的に思い浮かんだお店をイメージして、この後の話を聞いていただきたい。大事な質問なので、思い浮かんだお店の名前を、メモ用紙にでも書き留めてほしい。

「見込み客」は、はたして何人？

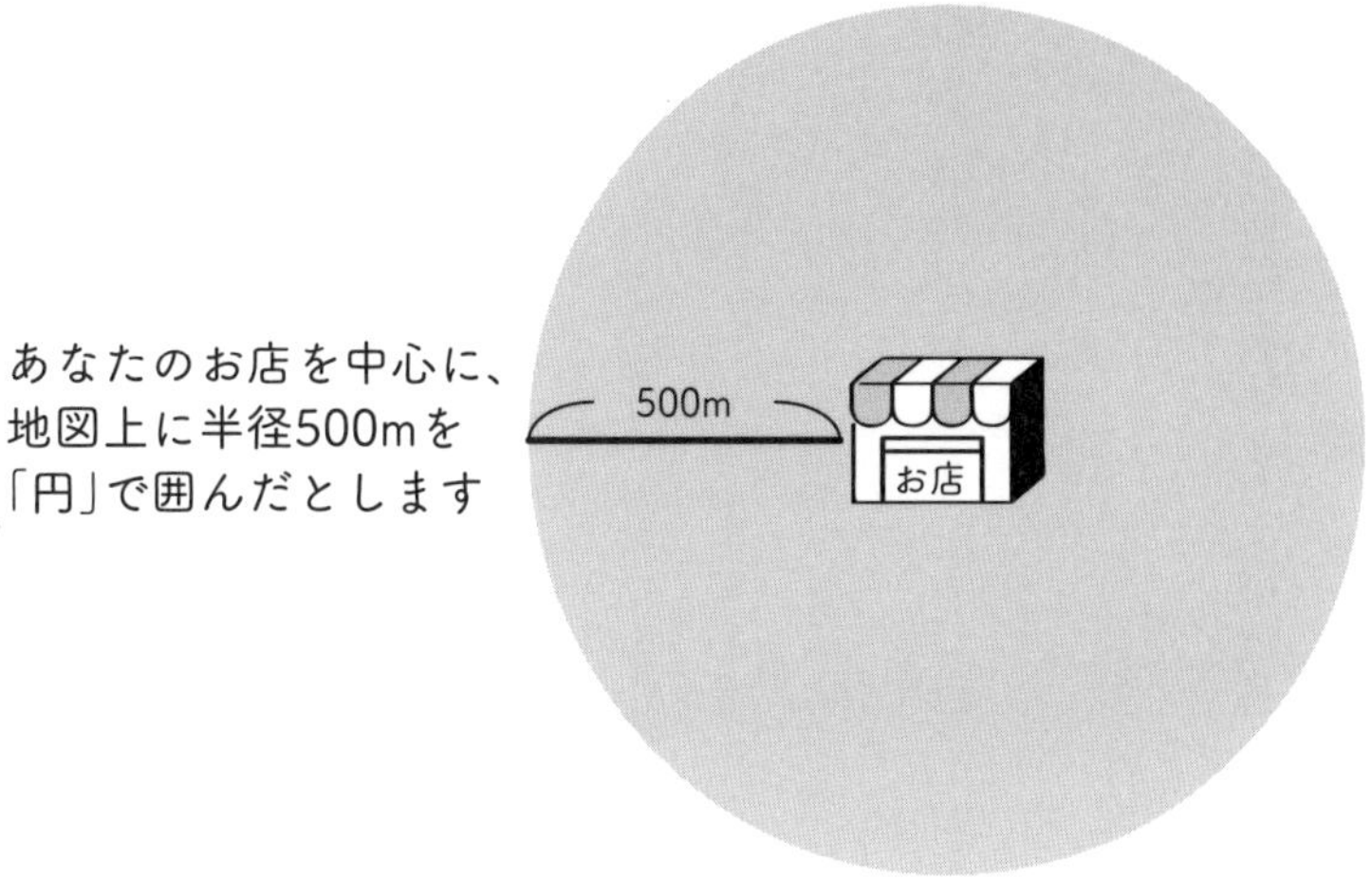
あなたのお店を中心に、
地図上に半径500mを
「円」で囲んだとします
500m
お店

――それでは本題。「見込み客」という言葉をごぞんじだろうか？　わかりやすく言うと、「今現在はあなたのお店を利用したことはないが、今後わずかでも利用いただける可能性があるお客様」のことだ。

では、あなたのお店のまわりには、いったい何人の「見込み客」が存在するだろうか？

たとえば、美容院であれば、周囲に住んでいるお客様のうち、極論すべての女性が対象となる（男性もＯＫの美容院であれば、すべての住人が対象となる）。

飲食店であれば、周囲に住んでいるお客様のうち、（例外は多少あるとしても）ほぼすべての住人が、見込み客の対象となるだろう。

さて、ここで考えていただきたい。あなたのお店を中心に、半径５００ｍを円で囲んだとしよう。その円の中には、いったい何人の住人がいるだろう？

10人？　それとも20人？

――もちろん、そんなことはない。

たとえば、平均的な住宅地であれば、少なく見ても１０００人以上は住人がいるはずだ。私は山のふもとの田舎に住んでいるが、半径５００ｍ以内で調べてみると、およそ５０００人程度の住人がいることがわかった。

うちのような田舎でさえ、５０００人が住んでいるのである。住宅密集地では、恐らく１万人以上は住人がいるところもあるはずだ。その際に、女性だけがお客様の対象になるのであれば、ザックリ考えてその「住人の半分」が、商売の対象ということになる。

⑧ あなたのお店に「100倍以上通いやすい」お客様

では、もうひとつ質問。

その「商売の対象となる地域住人」のうち、いったい何割くらいの方が、あなたのお店を利用したことがあるだろうか？

全員は無理として9割？　それとも控えめに見て8割だろうか？

——やはり、そんなことはない。そう、あなたの想像通り、おそらく対象客の2割以下。場合によっては、1割以下しかあなたのお店を利用したことがないはずだ。あなたのお店が半径500m以内という、すごく好立地の場所に存在するにもかかわらず。

つまり、あなたのお店の周辺には、

まだまだ1000人、5000人、1万人以上の「たくさんの見込み客」が存在している、ということである。

この見込み客からすると、あなたのお店はとても通いやすいお店のはずだ。

・わざわざ車を使って、30分以上かけて行く、郊外のショッピングモールよりも

・わざわざ電車を乗り継いで、1時間以上かけて行く、街の中心地よりも、**10倍、20倍、いや100倍以上通いやすい**。なぜなら、自分の家から半径500m以内に、あなたのお店があるのだ。歩いても5分で着いてしまうからだ。

まだまだ、

1000人、5000人、10000人の

【たくさんの見込み客】

が存在している

なぜ、このたくさんの【見込み客】は、
（＝あなたのお店を利用したことがないお客様）

あなたのお店を利用しないのでしょう？

それなのに、なぜか多くの経営者は「近くの住人は、ほとんど利用していただいたので商圏を広げないと」ということを口にしたりする。５００ｍ以内に住む人の、まだ1割以下しか、お客様になっていないにもかかわらず、だ。まさに「灯台下暗し」の状態である。

では、なぜこのたくさんの見込み客は、あなたのお店を利用したことがないのだろうか？その理由さえつかむことができていれば、対応策を打つことにより、たくさんの新規客があなたのお店に訪れるはずだ。

実は、見込み客があなたのお店を利用していないのには、大きく「3つの理由」が存在する。

2 新規客が集まらない「3つ」の理由

なぜ、新規客が集まらないのか？

見込み客があなたのお店を利用していない理由は、この3つに集約される。

【理由1】あなたのお店の「存在」に気づいていない。
【理由2】あなたのお店の「必要性」に気づいていない。
【理由3】今通っているお店で満足している。

大事なことなので、ひとつずつくわしく説明していこう。

理由① あなたのお店の「存在」に気づいていない

あなたのお店がそこにあることに気づいていなければ、使ってもらえる可能性は0%だ。だから、もっと見込み客に「知ってもらう」必要性がある。
「そんなことはない。私の店は、ここにオープンしてもう長い。地域の方で私のお店を知らない人なんて、そういないよ」
そう思った読者様もいるだろう。もちろん、そこに異論はない。そのようなお店は、多くの見込み客はあなたのお店がそこにあることは知っているのだろう。知ってはいるが、肝心の「そろそろ、美容院を変えてみようかな?」「他の飲食店に行ってみたいなあ」と思ったときに、その見込み客に思い出されていないのだ。

ん? 意味がわかりにくい? では、体感いただこう。

ここで、この章・冒頭の質問を思い出してほしい。

あなたが今、新型の「液晶テレビ」を買いたいと思っている。
どこのお店で、その「液晶テレビ」を買うだろうか?

あなたはこの質問に、何と答えただろうか?

ビックカメラ？　ヤマダ電機？　いやネット社会ゆえamazon、楽天、価格ドットコム、場合によっては、メルカリなんていう方もいるかもしれない。

でも、あなたの家の近くには小さな「町の家電店」もあるはずだ。「東芝ショップ」とか「日立ショップ」とか、昔ながらの小さな家電店が、あなたの町にも必ずある。その、家電店を思い出しただろうか？　いや、きっと思い出していない。しかし、その小さな「町の家電店」でも、……**液晶テレビは、売っているはずだ**。

――ところが。多くの方が、そんな近くのお店を思い出さずに、大手家電店やネットショップを思い出している。あなたの家の目と鼻の先にある地域密着のお店を思い出すこともなく、車で30分かけて、遠くの量販店に買いに行っている。

「いやいや。私は、小さなお店でテレビは買いたくないんですよ」

もしかするとあなたは、そう思っているかもしれない。しかし、論点はそこではない。お店からすると、**「そもそも思い出してもらえていないことが問題」**ということだ。

あなたは町の家電店を思い出して振り落としたわけではない。**そもそも思い出さなかったはずである。**思い出されなければ、選ばれる可能性は０％だ。

そして、あなたのお店が、このような、

「思い出されない」状態になっている。

可能性がある、ということだ。

見込み客が、「そろそろ、美容院を変えてみようかな？」「他の飲食店に行ってみたいなあ」と思ったときに、あなたのお店が思い出されていない。繰り返す。お客様に思い出されなければ、選ばれる可能性は０％なのである。

それなのに、この対策をおろそかにして、フリーペーパー、集客サイトで遠くの見込み客に無理やり来てもらおうとしてしまう。「近隣の住人のほとんどは、私のお店を知っているから」と思ってしまう。まだまだ、１０００人、３０００人、５０００人、１万人の見込み客が、周囲５００ｍ以内に住んでいるにもかかわらず。だからこそ、ここに焦点を当てた対策を、しっかりと行なう必要がある。

これを私は、「日本人全員に思い出してもらおう」と言っているのではない。せめて、周囲500m以内に住んでいる見込み客の方々には、「お店を変えようかな」と思ったときに、まずは最初に思い浮かべるお店になっておく。そのような対策が重要なのだ（※なぜ、遠方ではなく、周囲の見込み客が重要なのかは、次章で説明していく）。

8 理由② あなたのお店の「必要性」に気づいていない

もちろん、500m以内のすべての見込み客が、あなたのお店を思い出さないわけではない。思い出す見込み客もいるだろう。いや、お店によっては、そのような見込み客のほうが多い場合もあるだろう。それなのに、選ばれない。つまり、思い浮かんで振り落とされているのである。だから選ばれない。その理由は。あなたのお店の「必要性」に気づいていないからだ。

あなたのお店がそこにあることは知っていた。2年前、5年前、いやもしかすると、それより以前から、あなたのお店の存在は知っていた。知っていたのに、利用していない。つまりは、あなたのお店の「必要性」を感じられなかったわけだ。だから、思い出しても、振り落とされるのだ。

では、このような見込み客を、あなたはあきらめなければならないのか？　そんなことはない。なぜなら、この見込み客は、あなたのお店を利用したことがないはずだ。利用したことがないのに、必要ないと思っている。そう。この見込み客は、あなたのお店を**「外観だけ」で判断しているに過ぎない**。外観だけで、「あの店は、私とはちょっと合わない感じがする」と、**勝手に思っている**のだ。ここに大きなチャンスがある。

だからこそ、**もっと知ってもらう努力をする**。

・どんな人が、
・どんな技術で、
・どんな思いで、
お店をやっているのか、それを伝え続ける。
その結果、
・「外観は知っているけれども、中身は知らなかったお店」から、
↓
・「外観は知っていて、中身も知っているお店」に変わっていく。

「外観だけではわからなかったけれど、意外とよさそうなお店ね」

そう思っていただければ、格段に選ばれる可能性が高まる。だから、もっと知ってもらう努力が必要なのだ。

8 理由③ 今通っているお店で満足している

3つ目の理由は、「今通っているお店で満足している」ことだ。このような見込み客が多いのも事実である。では、この他店で満足している見込み客を、あなたのお店は諦めなければならないのか？　もちろん、そんなことはない。

なぜなら、「同じお店に一生涯通い続けるお客様」は、それほど多くはないからだ。拙著『お客様が「減らない」店のつくり方』（同文舘出版）でご紹介したように、繁盛店でも顧客離反率は20％前後ある。悪いお店は40％前後のお客様が、1年後にそのお店から他店に浮気していることもある。

自分のお店で考えてみよう。あなたのお店を一生涯利用するお客様は、どの程度いらっしゃるだろう。一生涯というと、それほど多くないことがイメージできる。あなたのお店のようなすばらしい店をもってしても、すべてのお客様が一生涯通い続けるわけではない。毎年少なからず、他店に浮気しているはずである。あなたのお店がそうであれば、他のお店もきっと似たような状態だ。

だから、そのチャンスを利用するのだ。他店で満足しているお客様が、「そろそろ美容院を変えてみようかな?」「他の飲食店に行ってみたいなあ」と思ったときに、パッと頭の中に思い出してもらえる。そんな存在になっておくのだ。地域密着のお店であればこそ、その対策を打つ必要がある。

3 ネット集客に打ち勝つ「重要なヒント」

⑧ 見込み客が「新しいお店を選ぶまで」の流れ

さて、ここまでの話を少しまとめて体系化してみよう。すると、見落としていた、手堅い集客手法の存在に気づくことだろう。そして、この手法こそがインターネット集客に打ち勝つ画期的な手法となる。

まずは、あなたのお店のまわりには「たくさんの見込み客が存在している」ことに気づこう。「見込み客」だから、あなたのお店をまだ利用したことがない。つまりは、他店を利用しているお客様だ。

この「見込み客」は、大きく2つに分類される。

- 「新しいお店を探している人」と
- 「今のお店で満足している人」だ。

思い浮かばないから検索して……

どこかにいい
お店がないかなあ
思い浮かばないから
検索してみよう

「新しいお店を探している人」は、今通っているお店に何らかの不満を持っているお客様だろう。あるいは、引っ越してきたばかりで、新しいお店を探しているのかもしれない。他にも理由はあるかもしれないが、いずれにしても今現在、新しいお店を探している。しかし、**行きたいお店が思い浮かばない。思い浮かばないからインターネットで検索するのだ。**

――ここは、とても大事なことなので繰り返す。

お客様は、毎日気になってインターネットで新しいお店を探している**わけではない**。

インターネットで検索するのは、今のお店から浮気しようと思ったときである。浮気しようと思ったが、**行きたいお店が思い浮かばない。思い浮かばないから、インターネットで検索をする。**この場合、あなたのお店はインターネットや集客サイトに登録されている何百、何千ものお店の中から見つけてもらい、選ばれなければならない。

一方、**「今のお店で満足している人」**も多く存在する。

しかし、そのお客様もいつの日か、「そろそろ他のお店に変えてみようかな?」と思う日が来る。必ず来る。いつかは来るのだ。

ところが、「他のお店に変えてみようかな?」と思ったときに、**行きたいお店が思い浮かばない。思い浮かばないからインターネットで検索する。**そして何百、何千ものお店の中から、あなたのお店は選ばれなければならない。

この、「見込み客が新しいお店を選ぶまでの流れ」を表にすると次ページのようになる。

⑧ネット集客に打ち勝つ方法

見込み客が新しいお店を選ぶまでには(例外はあるものの)、この図のような流れになっている。

「見込み客」が新しいお店を選ぶまでの流れ

① たくさんの【見込み客】が存在している

その【見込み客】の中には……

② 新しいお店を探している人 ／ 今のお店で満足してる人

どこかによい
お店がないかな？

いつの日か
「他のお店に変えようかな？」

③ 行きたいお店が
思い浮かばない ／ 行きたいお店が
思い浮かばない

④ お店が思い浮かばないから、インターネットで検索する

⑤ あなたのお店はインターネットに掲載されている
何千店もの同業店の中から選ばれなければならない

たくさんの新規客を集めるには、
上記の何番で手を打つ？

「見込み客」が新しいお店を選ぶまでの流れ

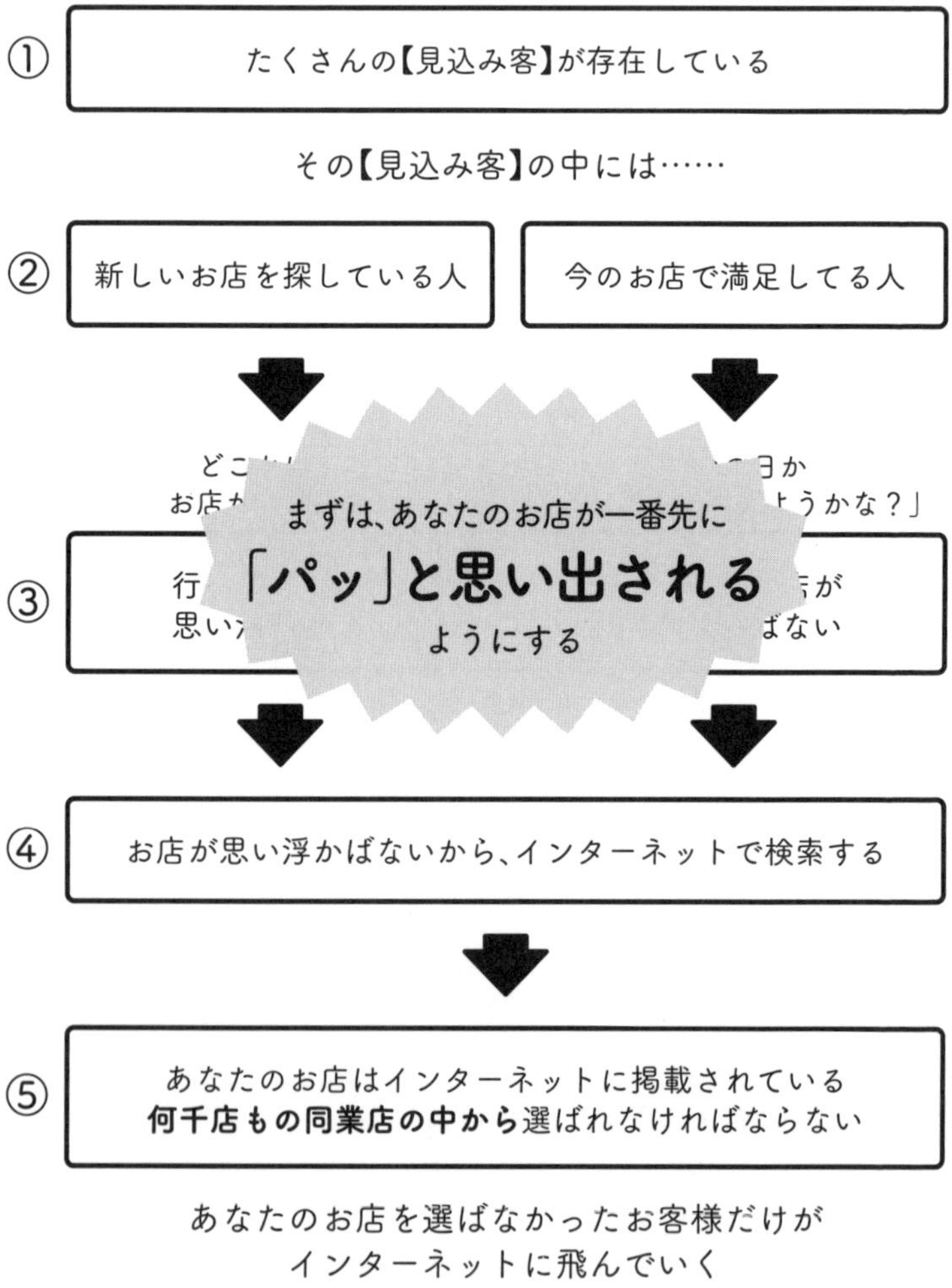

①
たくさんの【見込み客】が存在している
その【見込み客】の中には……
②
新しいお店を探している人
今のお店で満足してる人
まずは、あなたのお店が一番先に
「パッ」と思い出される
ようにする
③
④
お店が思い浮かばないから、インターネットで検索する
⑤
あなたのお店はインターネットに掲載されている
何千店もの同業店の中から選ばれなければならない
あなたのお店を選ばなかったお客様だけが
インターネットに飛んでいく

この流れの中で、あなたのお店にたくさんの新規客を集めるには、どこに焦点を当てればよいのだろうか？　多くのお店が焦点を当てているのが⑤番。インターネットだ。お客様がインターネットに飛んできた際に、何千店もの同業店から選ばれようとする。

だが、私たちは、そのインターネットに打ち勝とうと考える。なので、**私たちが焦点を当てるのは、その前。インターネットよりも前だ。つまり、③番に焦点を当て、**

まずは思い出させる

お客様がお店を探そうとしているときに、まずは「あなたのお店を思い浮かばせる」。思い浮かばせ、選んでいただき、インターネットに行かせないようにするのだ。

⑧ネット集客で悩んでいるあなたに

「インターネットで集客対策しているものの、なかなか選ばれない」

近年、多く耳にするようになった言葉だ。理由は簡単。掲載されている何百、何千ものお店の中に埋もれてしまっているからだ。

あなたは、この渦の中から抜け出さなければならない。「インターネットで選ばれない」と嘆いているのであれば、その中だけで対策を打つのではなく、「その前」にも対策を打つ必要がある。**まずは、あなたのお店を思い浮かばせる。**思い浮かんで、あなたのお店を選ばなかったお客様だけが、インターネットに飛んでいく。こんなに痛快なことはないだろう。

さらには、世の中には「集客サイトを見に行かない」お客様も存在する。いや、厳密に言えば、そちらのお客様のほうが多いかもしれない。そのようなお客様だって、新しいお店を探していないわけではない。勝手に、「近くには、他によいお店がないからなあ」と思って、仕方なく今のお店に通っている。すぐ近くにある「すばらしいあなたのお店」に気づくこともなく。

⑧インターネットで検索する前に、あなたのお店が選ばれる方法

だからこそ、まずはあなたのお店を「思い浮かばせる」必要がある。
もちろん、思い浮かべたからと言って、すべての見込み客が、あなたのお店を選ぶわけではない。選ばせるためには、あなたのお店がその見込み客にとって必要なお店であることをしっかりと伝えなければならない。

しかし、それでも選ばれないこともある。思い浮かべて、振り落とされることだってもちろ

んあるだろう。だが、言おう。

「思い浮かべて振り落とされる」のと、「思い浮かばない」のとではまったく違う。

なぜなら、

思い出されなければ、選ばれる可能性は0%だからだ。

だからこそ、周囲500m以内に住んでいる見込み客の方々には、「お店を変えようかな」と思ったときに、まずは最初に思い浮かぶお店になっておくのだ。つまりは、インターネットに飛ばさない。**あなたのお店はインターネットのひとつ前に仁王立ちしている状態となる。**賢明なあなたであれば、この絶対的な優位性に気づき始めた頃だろう。

「でも、そんなことが本当にできるの?」

あなたは今、そう思われているかもしれない。次章では、いよいよその画期的手法の全貌をご紹介しよう。

なんと「売上げが半減している業界」から、この成功事例は生まれてきた。きっと、あなたのお店でも通用するはずだ。

3章

売上半減の業界から生まれた新規集客方法

100

「100回客」とは、どんな客？

⑧ 1人で「100人分」のお客様

ここで、この先使われる大事な指標について、少しご説明しておこう。すでに他の拙著をお読みの読者にはおなじみの指標だが、「客層ピラミッド」というものだ。お店を利用しているお客様を「客層」別に分けた指標のことで、私の顧客戦略において、最も重要な指標である。この「客層」をご理解いただいておかないと、この先の話が少しわかりにくくなる。なので（詳細は他の拙著を参照いただくとして）、ここで簡単に解説しておこう。

たとえば、年間で1000人のお客様が利用しているお店があるとしよう。その1000人を年間売上げの高い順に並べてみる。そのうち上位10％に位置するお客様を、私の顧客戦略では【ファン客層】と呼んでいる。つまり、年間1000人のお客様が利用していれば、売上ランキング1位から100位までの100人となる。

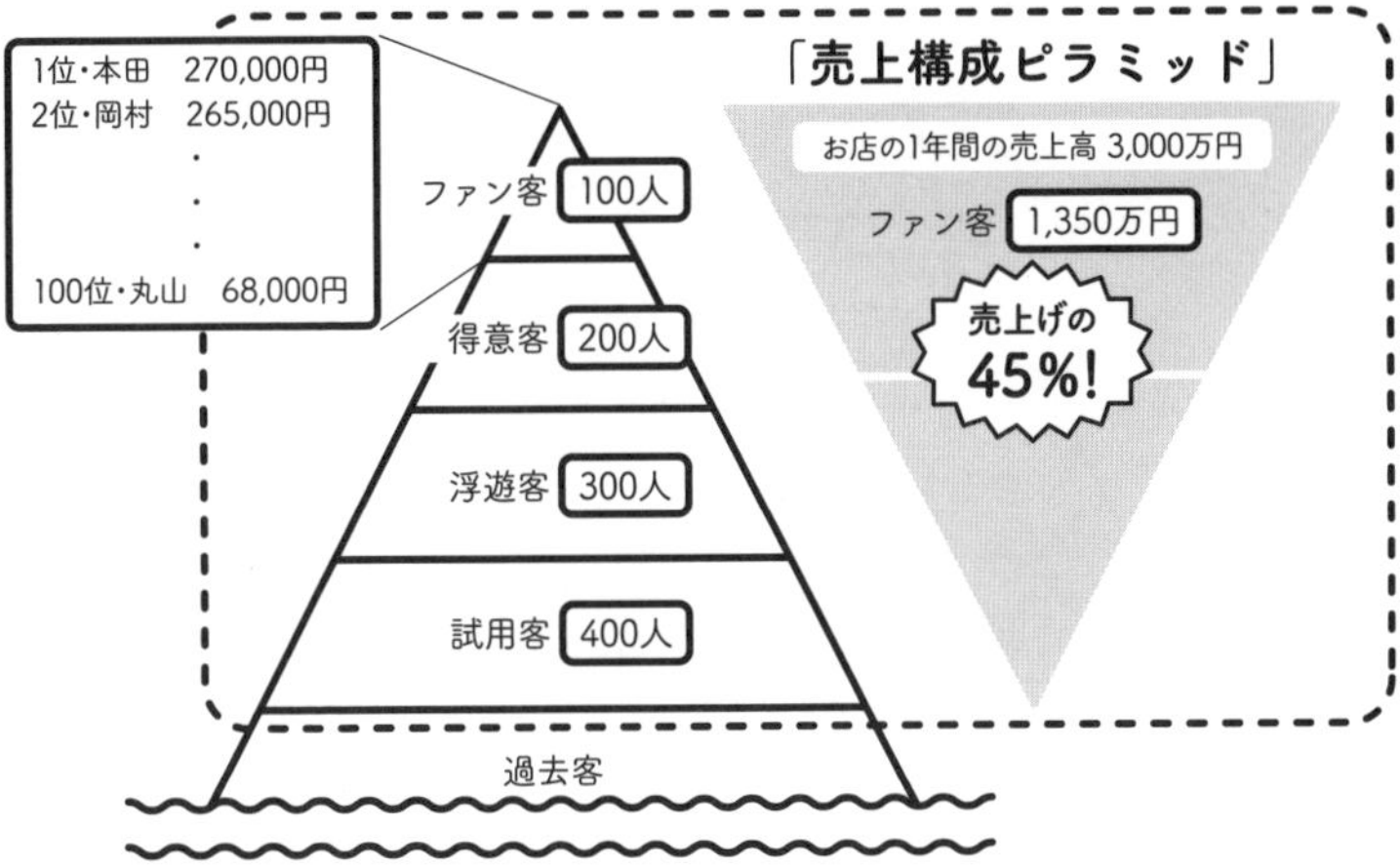

そして、あなたのお店では、このわずか10%という少ない人数のお客様で、

売上げの45%が占められている。

つまり、「お店の売上げは、多くのお客様で支えられている」と思われがちだが、**そうではない**。実は、ファン客層という、わずか10%のお客様達だけで、年間売上げの約半分が占められているのだ。

また、ファン客層に続く20%の人数のお客様を【得意客層】と呼ぶ。つまり売上ランキングでいうと、101位から300位までの200人だ。この得意客層のお客様だけで、お店の売

客層ピラミッド「ファン客層」の図

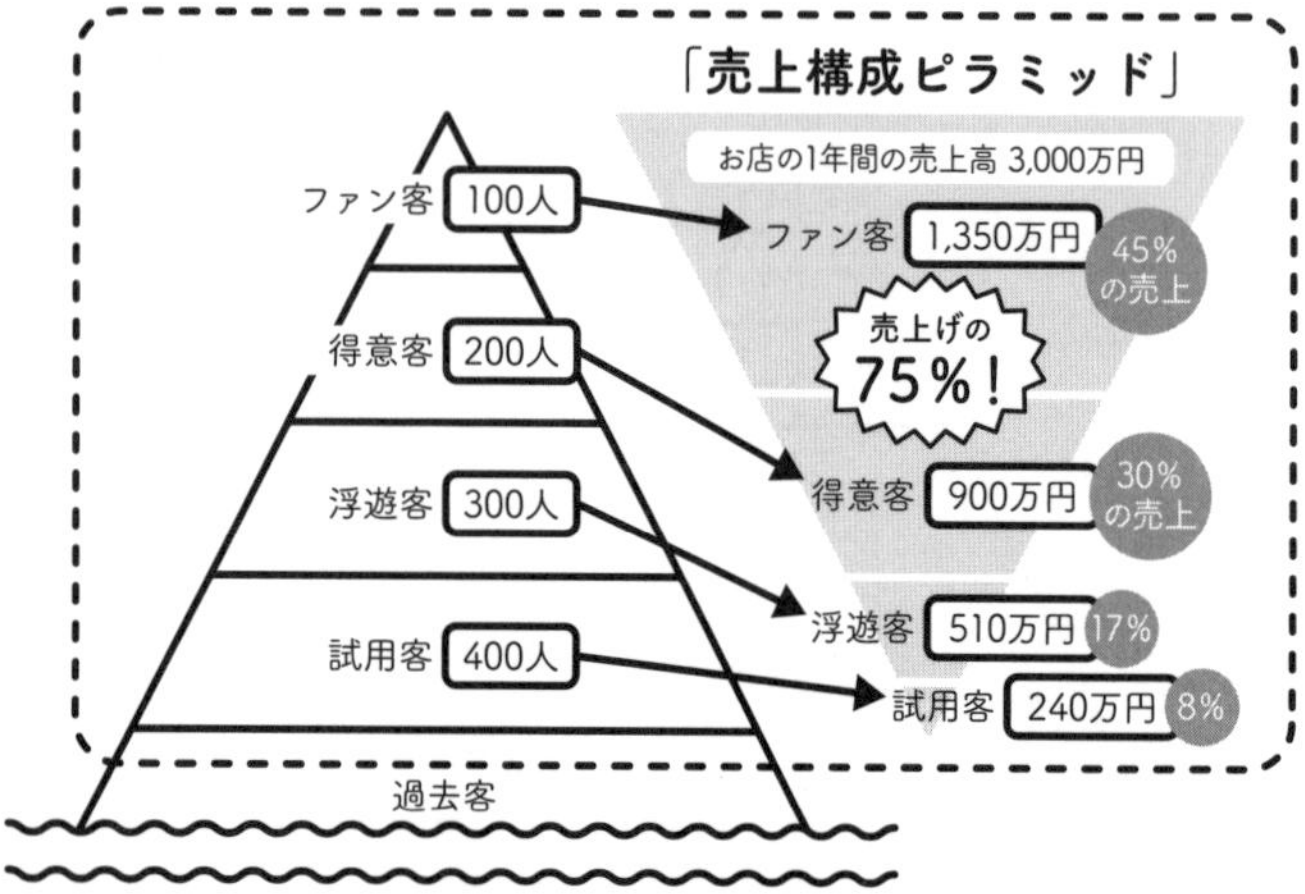

上高は30%を占められている。

つまり、あなたのお店では、この「ファン客層」と「得意客層」を足した）上位わずか30%のお客様達だけで、

売上げの75%が占められているのだ。

⑧大事なお客様を維持する方法

「売上げの75%を占めている、わずか少数のお客様」。このようなお客様を見つけたら、たまったものではないだろう。いかにしてでも、このお客様方を他店に奪われないように、何らかの対策を打つはずだ。

逆に言えば、このファン客層のお客様の中から、わずかな人数が浮気するだけでも、売上げに対するダメージは、とてつもなく大きなものとなる。しかも、そのダメージはその年だけではない。来年も、再来年も、その翌年も、ずーっと抜け落ちていくのである。その抜け落ちた売上げを、あなたのお店では、新規のお客様を集めて**補い続け**なければならない。

イメージしていただきたい。あなたのお店で「一番よいお客様」は誰だろう？　すぐに思い浮かんだお客様がいるだろう。たとえば、美容院であれば、毎月お越しいただいて、「カット」だけではなく、「カラー」「パーマ」「トリートメント」に加えて、「ヘッドスパ」「ネイル」「エステ」までして帰ってくれる。そんなお客様が数人、突然パタッと来なくなる。そのなくなった売上げは、新規のお客様で補い続けなければならない。

だからこそ、新規のお客様を集めるのも大事だが、それと同じくらい、いや今の時代はそれ以上に、「常連客を維持すること」が重要なのだ。このファン客層や得意客層を維持するために、効果的なツールが「**ニュースレター**」なのである。

ニュースレターを送り続けることで、常にお客様とつながっておく。だが、売り込みはしない。売ることよりも、売った後、一所懸命であることを伝える。それによって、お客様との関係を育むのだ。だから、ニュースレターでは、「商品を売る前に人を売る」。「お客様を気にかける」。「プロの知識・見解を伝える」。これを続けると、お客様の知識が高まる。お客様の意識が高まる。あなたのお店と今まで以上に関係が深まる。あなたのお店に対して、今まで以上に信頼度が高まる。その上で、お客様のことを思い、「きちんと売り込む」のだ。（詳細は拙著『お客様が「減らない」店のつくり方』を参照）

このニュースレターを、すべてのお客様に郵送できればいいのだが、店舗で使える経費には限りがある。それなのに、「今まで利用していただいた、すべてのお客様」にニュースレターを送り続けるなんて、経費のかかりすぎで、経営を悪化させてしまう恐れさえある。

しかし、あなたのお店の売上げは、上位わずか30％のお客様達だけで、売上げの75％が占められている。そのお客様に対してだけでも、ニュースレターを送り続け、

今まで以上に「関係を深める」、「信頼度を高める」のだ。

これこそが、顧客戦略の肝であり、私はこの重要性を説き続けている。

だが、このニュースレターの活用法が……とある業界によって変わりつつある。

2 売上規模が半減していた業界からの成功事例

⑧ 売上規模が半減していた業界とは？

きっかけは、私の独立だった。２０１１年。私はそれまで20年務めていた大手ＩＴ企業を退職して独立した。過去の拙著をお読みいただいている読者様はごぞんじだと思うが、会社員時代は美容院と飲食店を中心に、お店の顧客戦略支援を行なっていた。

独立というのは面白いもので、会社員時代は「私は会社とではなく、高田さんだから取引してるんですよ」と熱く語っていた方達が、手のひらを返したようにすっと私から離れていったりした。しかし、その逆で、独立をきっかけに、私のことを心配して、取引の規模を拡大してくれる方々もいらっしゃった。

大阪にある（株）石井文泉堂の代表取締役・石井康裕氏もそのひとりである。石井文泉堂は、クリーニング店向けにタグやチラシなど、印刷物を制作・販売している会社だ。

ただ、ごぞんじの通り、デジタル化によって印刷物は激減。会社の経営が立ち行かなくなった。そのときから、「印刷物を売るのではなく、クリーニング店のしたいをかなえる」をスローガンに、クリーニング店の売上げを上げることをサポートする会社に大きくシフトした。その後堅調に業績を伸ばし続けてきた有能な人物である。クリーニング業界においては、「氏の名前を知らない人はいない」と言われるほど、有名な人物でもある。

その氏のポリシーのひとつに、「三方良し！」というものがある。「売り手良し」「買い手良し」「世間良し」という、近江商人の心得を表わしている。平たく言えば、「商売とは、売り手ばかりが利益を得るのではなく、買い手が利益を得るのはもちろん、世間にも喜ばれなくてはならない」という考えだ。このポリシーの元、石井氏はお客様であるクリーニング店はもちろん、仕入れ先や取引先もとても大事にしている。

そんな石井氏だからだろう。私が独立して、すぐに声をかけてくれた、

「高田さん、独立したんやて！　やったらクリーニング業界も手伝ってよ」

話を聞くと、クリーニング業界は、年々売上規模が減少しているらしい。１９９０年前半には市場規模が1兆円近くあったものが、４０００億円程度とおよそ半減していたのだ。

⑧あなたにも襲いかかる「売上半減」

理由はたくさんある。家庭用洗濯機の高度化、ユニクロなどファストファッションの台頭なども理由のうちだろう。しかし、なかでも特筆すべきが、**「団塊世代」**の一斉定年だ。ごぞんじとは思うが、団塊世代とは１９４７～49年に生まれた世代を指す。他世代に比べて圧倒的に人口が多く、日本において人口ボリュームが大きな世代でもある。

２００７年、この人口が多い世代が、60歳を迎えはじめ、数年かけて、大量の退職者が発生した。大量の退職者が発生すると、クリーニング業界にとって何が問題なのか？　そう。サラリーマンだった人達が、ワイシャツを着なくなる。スーツを着なくなる。コートを着なくなるのである。他業界以上に、クリーニング業界に影響をもたらしたのは間違いないことであろう。

ただ、これは他人事ではない。クリーニング業界は「定年」という節目に、これを「先に経験した」だけの話。この先、あなたの業界にも同じようなことが起こる。なぜなら、２０２５年には、この団塊世代が75歳を迎える。つまり、後期高齢者だ。美容院であれば、この世代のお客様の多くがカラーをしなくなる。パーマをかけなくなる。カットの回数が大きく減るなどの現象が起こりはじめるだろう。飲食店であれば、この方々の外食回数が減る、寝具店であれば、布団の買い換えを控えるなど、大小はあるにしても、少なからず影響が出はじめるはずだ。なので、あなたの業界にも今後襲いかかる事象として、この先の話を聞いてほしい。

クリーニング業界の市場規模が縮小しているということを、わかりやすく言えば、「売る相手が減っている」ということである。そんな中、さらに既存客を失っては、経営は立ちゆかなくなる。それを感じ取っていた石井氏は、クリーニング業界にも顧客戦略の重要性を説き、普及させなければと考えていた。そこで、すでに美容院や飲食店などで成功していた私の顧客戦略を、クリーニング店向けに加工し、お手伝いすることとなった。

⑧ニュースレターで行き当たった問題点

まずは、私の顧客戦略の概要を知っていただくことが必要だ。そこで、石井氏のお客様であるクリーニング店を集めてもらい、全国で講演を行なうこととなった。するとどうだ。多くのクリーニング店が共感されるのだ。「今までは、割引で新規集客ばかり行なってきたけれど、これからは既存のお客様をもっと大事にしないと、これ以上お客様に減っていかれては死活問題だ。減ったお客様を新規客で補うのではなく、そもそも減らないようにしなければ」、そして、顧客戦略の代表的ツールである「ニュースレター」に強い興味を抱かれた。

——ところが、ここでクリーニング業界特有の問題が浮上する。「ニュースレター」は、お客様に郵送しなければならないが、この「郵送経費がかけづらい」という問題だ。なぜなら、客単価が低すぎるのだ。ワイシャツ1枚・150円の業界である。そこに切手代50〜90円を使ってニュースレターを送るという経費が捻出しにくいのだ。逆に言えば、私がそれまでお手伝いしてきた美容院や飲食店は単価が高く、郵送経費がかけやすい業界であるとも言える。美容院であれば、平均客単価は7000円前後。そこに1通90円ほどの切手代は、それほど大きな負担ではない。極端な話、「10回送っても、もう1回来てもらえれば御の字」と考えられる頭の柔らかい経営者もいるだろう。

しかし、クリーニング店で顧客戦略の設計書を作ってみると、「ファン客層だけに、年に4回」しか、ニュースレターの郵送経費が捻出できない。これでは、ニュースレターの効果は生まれにくい。

でも、ニュースレターは実践したい。そこで、まずは「ニュースレターを店頭で渡す」ことをおすすめした。客単価が低い業界は、お客様の来店頻度は多くなる。なので店頭渡しをしていけば、多くのお客様にニュースレターをお読みいただける。お読みいただければ、今までは商品と金銭のやりとりしか発生しなかったスタッフの内面を知ることとなる。さらには、知らなかったお店のこだわり・うんちくが伝わっていく。絆が深まる。もちろん、これはこれで功を奏する。

だが、ニュースレターは……「わざわざ届く」ところにも価値がある。

なぜなら、ニュースレターは関係構築のツールだからだ。お客様を「気にする」から、お客様が「気になる」から、ついつい送ってしまうものなのだ。

しかし、お客様からしてみると「お店に行く」というのは、自分で行なった行為だ。その際に、手渡しでニュースレターをもらっても、「自分でお店に出向いた際に、ついでにもらっている」という感覚にしかならない。なので、お店から気にされている感じがしない。

だから、ニュースレターは「わざわざ届ける」必要がある。お客様のポストに入っている必要があるのだ。お客様がお店にいるときではなく、お店にいない99%の間に、お店がお客様を気にして、気にかけて、送ってしまうのである。言い換えれば、こちらからお客様を気にかけて、「お客様とのつながりを保つ」とも言える。

⑧ 郵送経費をかけずにニュースレターを送る方法

ところが、クリーニング業界では、郵送経費がかけられない。しかし、なんとか届けたい。う〜んと私が頭を悩ませているところに、石井氏が仰天の策を提案する。

「そんなん、歩いて持って行くんですよ！　だって、お店が暇になったんですから。時間はあるはずでしょう？　歩いて持って行くのはきついかもしれへんけど、このままお店の売上げがないほうが、もっときついで！」

あ、歩いて持って行く？　私が唖然としているところに、氏の提案は続く。

「しかも、高田さんの顧客戦略に基づけば、全員に持って行かなくていいでしょ？　客層ピラミッドで見ると、『売上げの75％は、上位3割のお客様で占められている』んだから、そのお客様に郵送しようとおっしゃってますよね？　だったら、クリーニング業界では郵送経費がかけられないので、そこに歩いて持って行きましょう！　全員じゃなくて、たった3割。しかも歩けば健康にもなるし、一石二鳥や！」

氏がこう提案するのには、深い根拠がある。

印刷業を営んでいる氏は、お客様であるクリーニング店の売上げを上げることを使命としている。だから、「こんなことすればいいで！」「こうすれば売上げが上がると思いますよ！」と、いろいろと新しい提案をする。だが、本業が印刷業であるがために、クリーニング店さんからすると、「それって、石井さんのところの印刷物を増やしたいから言ってるんじゃないの？」「他業界でうまくいったからって、うちではどうかなぁ」と言われることが多かったそうだ。

そこで、石井氏は、テスト的に自分でもクリーニング店を営むこととする。実際に自分の店でうまくいったことをクリーニング店に提案する。そのためのテスト店を作ったのだ。ただ、これをずっと行なってしまうと弊害もある。同業と思われると、クリーニング店が心を開かなくなる恐れがあるのだ。なので、あくまでテスト店として期間限定で行なうこととした。

そこで、いろいろな販売戦略を試した石井氏。その中で私の顧客戦略も、クリーニング店に合うように変更しながら実践していたのだ。そこで問題だったのが、郵送経費だったのだが、氏はその店で、「自分で歩いて持って行く」ことを実践していたのだ。

「これで、うちは売上げを伸ばしたんですから！　お宅でもやりなはれ！」

自分で実践していた氏が言うことには重みがある。

――ところが。

これが、すごい効果を生むこととなる。

3 販促物を「送らない」ことで生まれた販促手法

⑧「ファン客層」が多く生まれる地域は？

それでも、多くのお店が歩いて持って行くことに躊躇する。たしかに面倒だし、たいへんそうだ。その気持ちも、わからなくはない。

そこで、まずは「ファン客層」だけに歩いて持って行くことをすすめた。すべてのお客様のうち、10％しかいない数少ないお客様だ。年間で1000人のお客様が利用しているお店だとしても、わずか100人だ。これくらいであれば、持って行くのも楽に感じる。しかし、このファン客層でお店の売上げの45％を占めている。もっとも大事にしなければならないお客様である。「そのくらいだったら……」ということで、お店の方も腰を上げやすい。ただ、ファン客層だけに持っていくにしても、効率的にしなければならない。そこで、「ファン客層」のお客様を地図にマッピングした。すると、とても興味深いことがわかった。**ファン客層のほとんどが、お店を中心に半径500m以内に住んでいた**のだ。

ファン客層のほとんどが
半径500m以内に
集中していた。

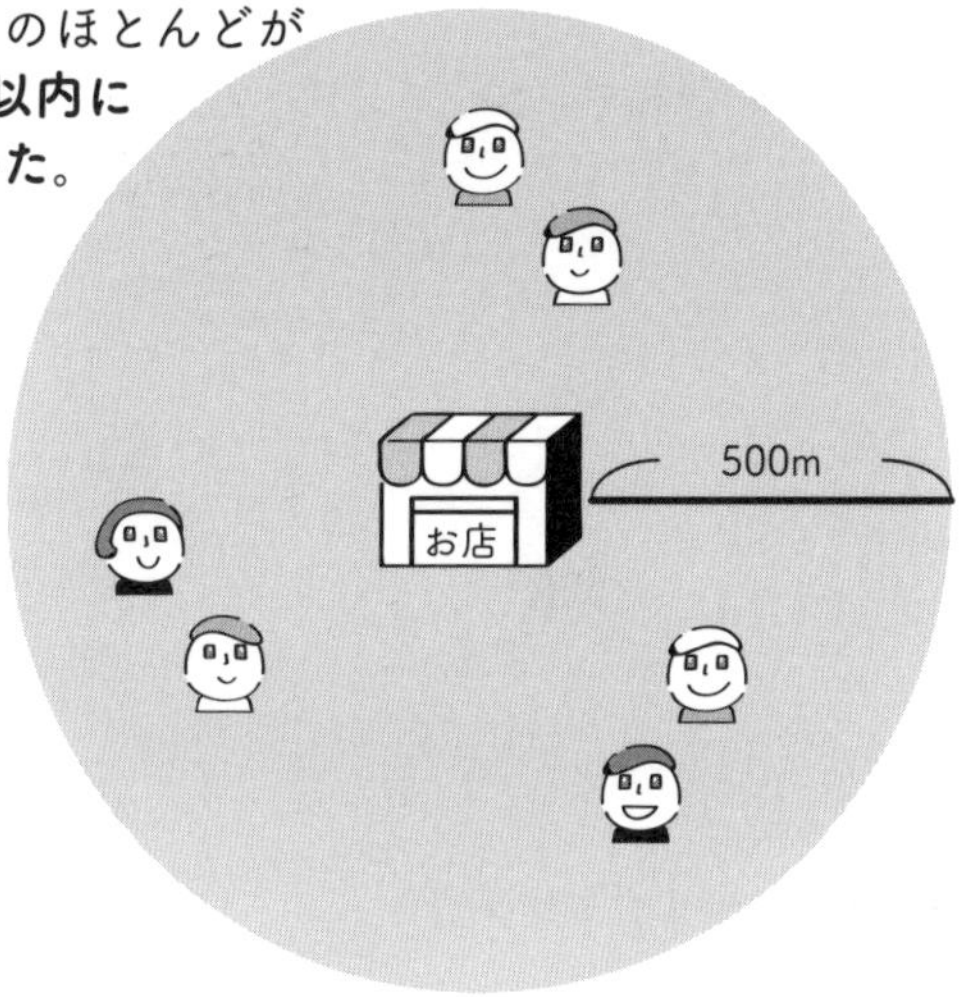

もちろん、「ファン客層」の中にも、遠方からお越しいただいているお客様もいらっしゃった。そのお客様方には、歩いて届けるとたいへんなので、郵送で送る。近かろうが遠かろうが、切手代は同じなのだ。これを活用しない手はないだろう。しかし、それでも近くのお客様に歩いて届けることで、郵送経費はグッと削減できる。

そもそも「ファン客層」のお客様は人数が少ない。その中でも、歩いて届けるのは、半径５００ｍ以内のお客様だけ。人数が少ない上に、近くのお客様だけに歩いて届ける。あっというまに配り終わってしまう。しかし、これだけで、お店の売上げの45％を占めるお客様にお届けできているのだ。

得意客層の多くも、
ファン客層と同じエリアに住んでいる
ことがわかった。

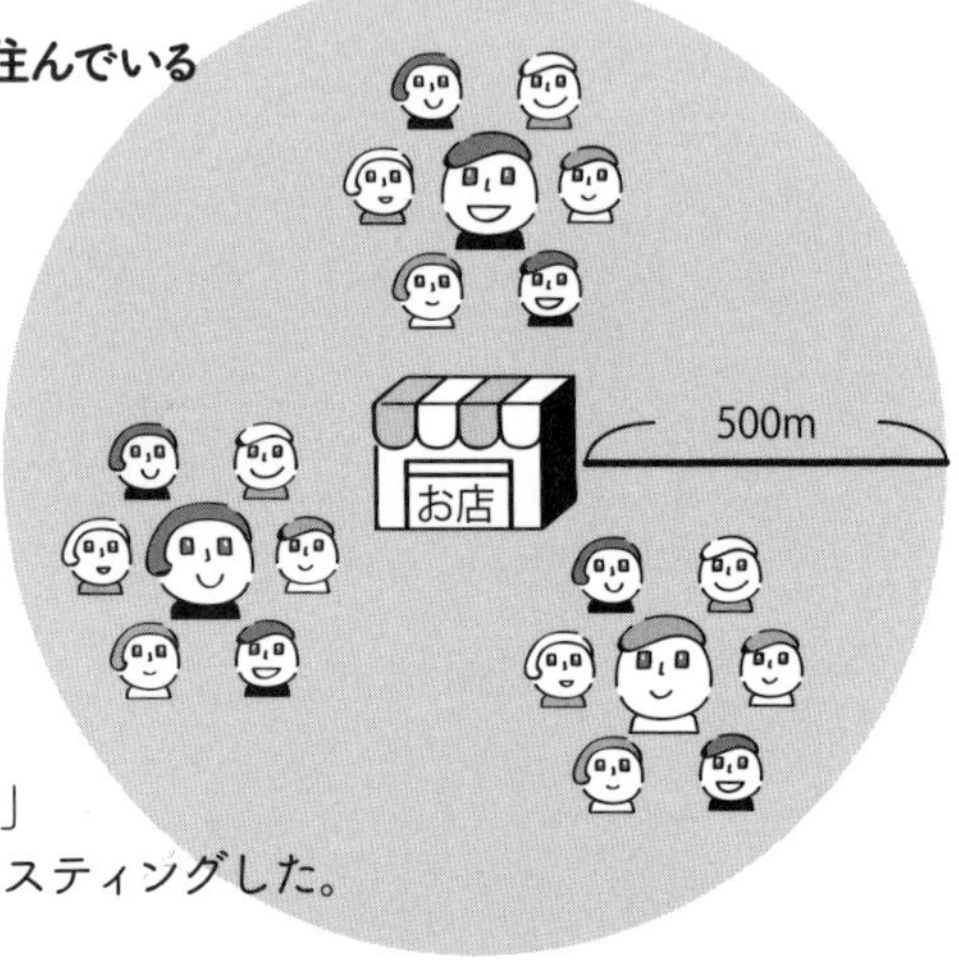

「近くまで行くんだから」
となり、得意客層にもポスティングした。

⑧「得意客層」が多く生まれる地域は？

「こんなに簡単だったら、もう少し増やして、「得意客層」にも配ったらどうだろう？」とも考えはじめる。「得意客層」とは、「ファン客層」に続く売上上位20％のお客様だ。このお客様方だけで、お店の売上げの30％をも占めているのだ、やはり大事なお客様だ。ただ、このお客様方が住んでいるのが遠いと、お届けするのはたいへんだ。なので、この「得意客層」のお客様を地図にマッピングしてみた。すると、さらに興味深いことがわかった。なんと、「ファン客層」の近くに住んでいる方が多かったのだ。

「どっちみち、近くまで行くんだから」となり、「ファン客層」に加えて、「得意客層」のお客様にも、歩いてお届けすることになった。これで、

ファン客層・得意客層が
多く住んでいるエリアは
「同じような収入層・価値観」の
方が多い。

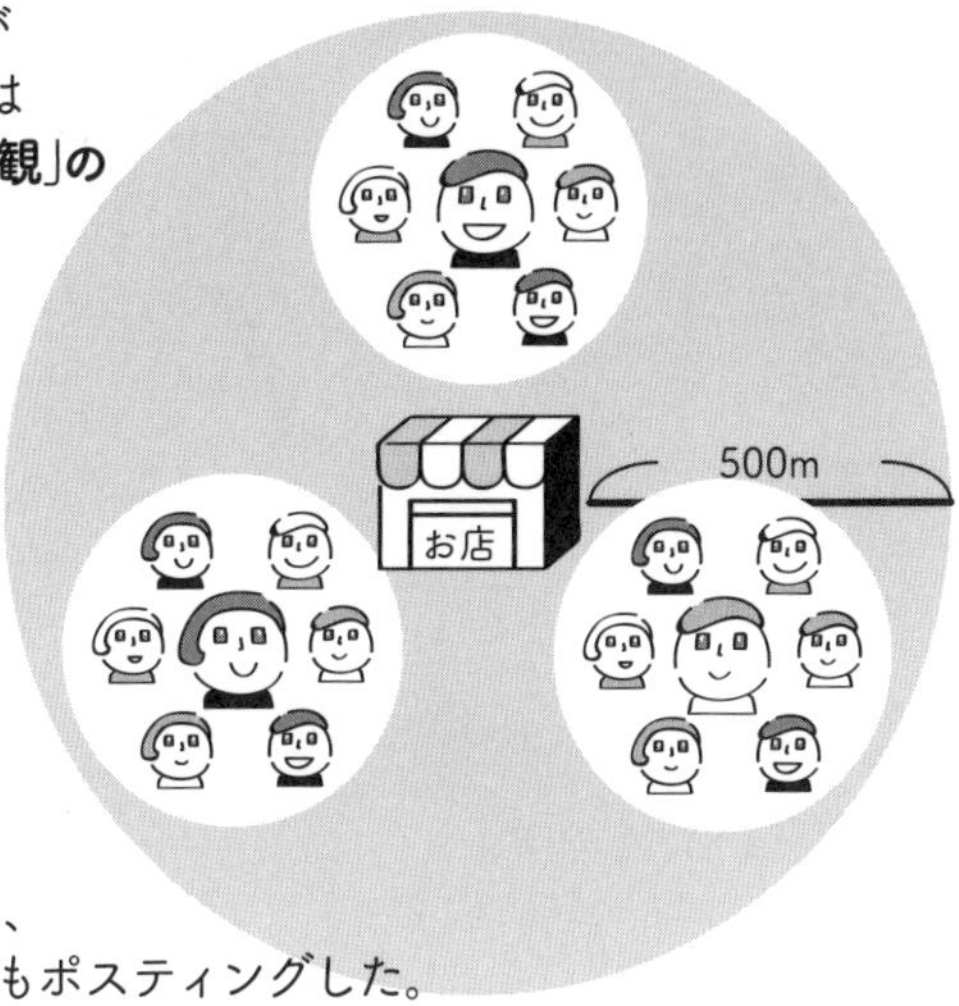

そこで、
「そんな方にお店に
来てもらえれば……」と、
新規集客のため周辺にもポスティングした。

お店の売上げの75%を占めるお客様にお届けできることになる。

⑧ 100回客になりやすいお客様

さらに、そのようなお客様が住んでいる地域を見ると、同じような価値観・同じような生活スタイル・同じような年代で固まっていることに気づく。サラリーマンの方が多そうな新興住宅街とか、大きな戸建てが密集して裕福な方が多そうな住宅街だとか。なんとなく傾向がわかるのだ。

すると、「この地域には、まだ当店を利用したことがないお客様もたくさんいらっしゃる。同じような価値観を持っているのであれば、当店を1回でも利用していただければ、同じように常連さんになっていただきやすいのではない

次のエリアに移動するまでの
道も……

「どのみち、そこまで
歩くんだから」

とポスティングした。

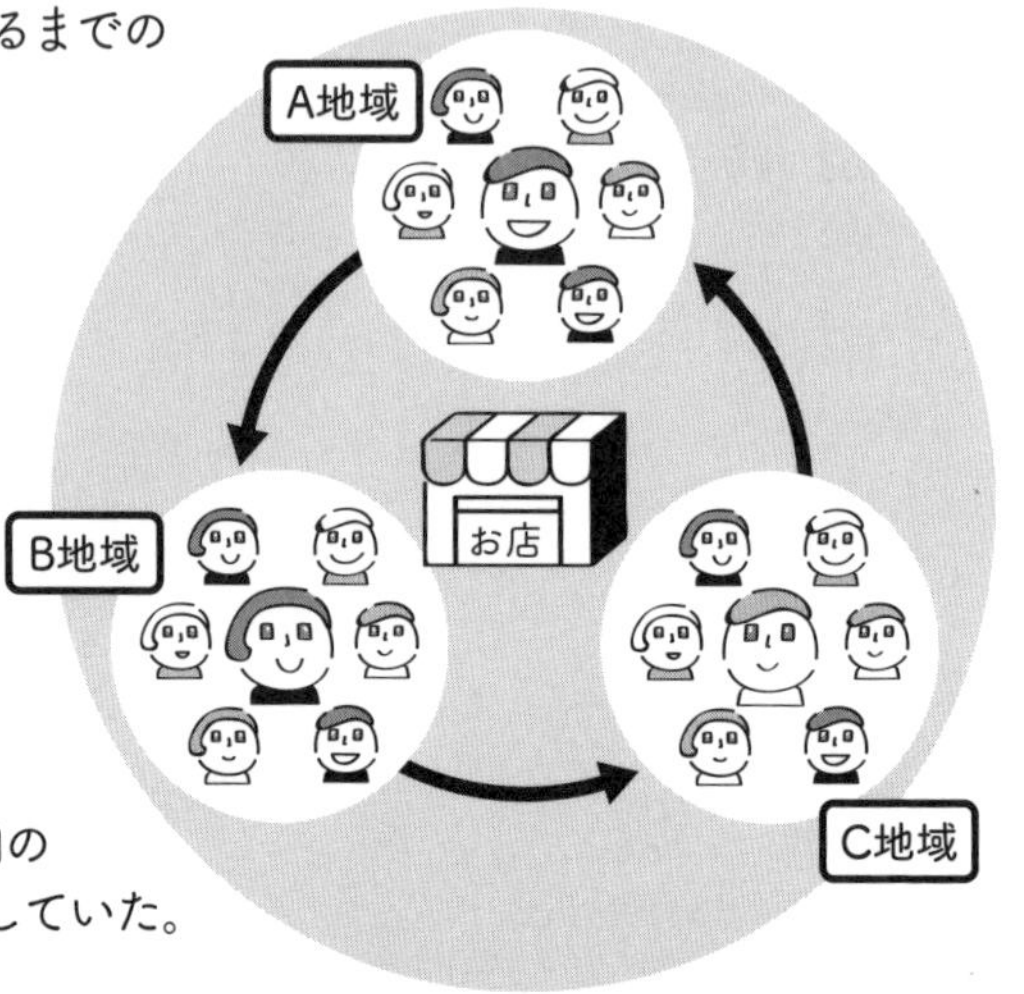

結果、半径500m以内の
多くをポスティングしていた。
であれば……

だろうか?」という仮説が立つ。

その結果、「どっちみちこの地域を歩くんだから」と、同じ地域の「ファン客層・得意客層」**以外のご家庭にも**ポスティングしていくこととした。なので、５００ｍ以内の「Ａ地域」にポスティングをする。それが終わったら、「Ｂ地域」に移動してポスティングする。さらにそれが終わったら「Ｃ地域」に移動するという状態になる。すると、地域間を移動する際も、「何もせずに歩くのももったいないので……」という感じで、ポスティングをしながら、次の地域に移動するようになった。つまり、上のような感じだ。これを見て、何かお気づきにならないだろうか?

そう、半径５００ｍ以内の多くのご家庭にポスティングしている状態となっている。

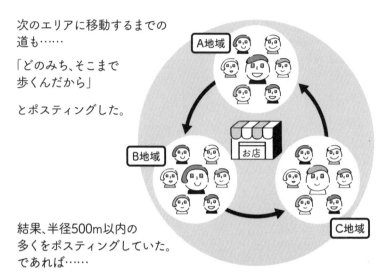

「半径500m**すべてを**
ポスティングする」
ほうが簡単

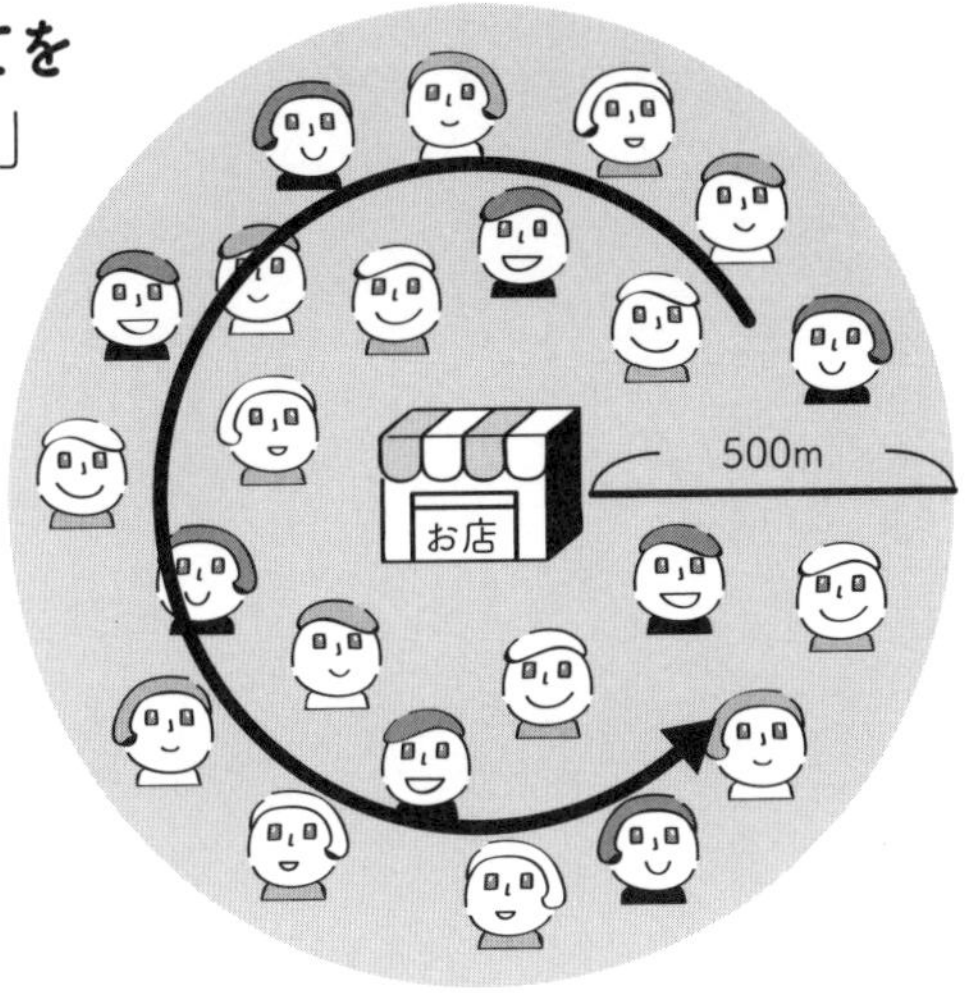

すると、実際にこのポスティングをしていると、ある考えが浮かぶようになる。

実は、ポスティングをする際に、何がたいへんかというと、毎月「ファン客層」と「得意客層」を抽出し、地図にマッピングすることもたいへんなのだ。もちろん、ポスティングをすること自体が一番たいへんではあるが、毎月地図にマッピングしないと、ポスティングがはじめられないというのは、出鼻をくじかれることにもなりかねない、

であれば、地図にマッピングするのは、やめて、お店を中心に半径500mをコンパスでぐるっと囲んで、その中すべてをポスティングするほうが簡単なのだ。

しかも、「ファン客」「得意客」に加えて、見

込み客向けにポスティングできるだけではなく、「浮遊客層」、「試用客層」といったお客様にもお届けできる。さらには、「過去客」と呼ばれる、すでに1年以上ご利用いただいていないお客様のご家庭にも、ニュースレターをお届けできるのだ。

⑧新しいツールの誕生！

ただ一点、大きな問題もあった。「ファン客層」などの既存のお客様にお届けするのであれば、配布するものは「ニュースレター」で構わない。ただ、500m以内すべてのご家庭にポスティングをするとなると、見込み客（まだお店を利用したことがないお客様）のご家庭にもお届けすることとなる。ニュースレターの内容は既存客向けなので、「スタッフ紹介」や「正しいお手入れ方法」などが中心だ。もちろん、見込み客に対しても無駄な情報ではないのだが、そのお店を利用したことがないお客様には、もっと伝えなければならないことがある。だから、見込み客向けに、内容をアレンジする必要があった。そう、「新規客獲得」用の情報を補足する必要があったのだ。

つまり、「既存客」用と「新規客獲得」用の2つの要素を盛り込んだツールを作らなければならなかった。そこで、「ニュースレター」に、新規客獲得用の「配布メニュー」の内容を足したツールを開発することとした。

ご存知でしたか?
ワイシャツってお湯で洗ってるんですよ。

★こんにちは!
ぶんちゃんクリーニングの石井す。
クリーニングの仕上がりって、どこのお店でも大きな違いが無いように思われがちですよね?でも、お店によってその洗い方って、全く違うんですよ。

例えば、ワイシャツ。当店はワイシャツを「お湯」で洗います。

え?なぜ、お湯で洗うのかって?

ご家庭でも、食器ってお湯で洗うでしょう?

そちらの方が、汚れが取れるからですよね?

これってもちろん、お洗濯でも同じです。お湯の方が汚れは落ちます。

しかし、水に比べると、お湯はガス代がかかります。なので、経費はかさみます(涙)

それでも、当店は温水にこだわります。

なぜなら、汚れ落ちが良いので刺激の弱い洗剤を使える上に、短時間で洗えて、お洋服への負担が少なくなるからです。

つまり、お客様からお預かりした大事なワイシャツが傷みにくいんです。


しかも、これだけではありません。

エリ・袖口は、黒い汚れが残りやすい箇所です。しか

気になる続きは中面へ…

ぶんちゃんクリーニング

当店のこだわりサービス

こだわりの温水Yシャツ

手間をかけている、当店でのYシャツ洗浄は洗浄前にエリ、シミのある部分をしみ抜き後、徹底した温度管理を行い、55℃の温水で洗浄しております。
特に黄変部分に強い効果を発揮し、格別の白さです。のりづけには当店では、天然糊のタピオカ糊を使用しております。天然糊はお肌に優しく通気性がよく、着心地が違います。さらに高温プレスでパリッと仕上がります。

Yシャツ ハンガー仕上げ **150円** 税別

工場併設店だからできること

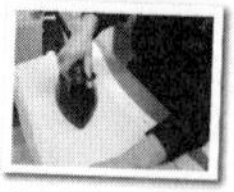

熟練の技術を持ったクリーニング師3名とベテランの従業員が、最新のクリーニング機械を設置した工場併設店(ユニット店)でクリーニングいたします。店舗に常駐しているクリーニング師に、洗い方、仕上げ方法、シミ抜き、家庭での洗濯方法など、お気軽にご相談ください。

クリーニング基本料金 税別価格

ズボン	500円	ジャケット	800円
スカート	500円	ジャンパー	800円
セーター	500円	ハーフコート	1300円
ブラウス	500円	背広上下	1300円

■素材・デザインにより料金は変わります。■付属品は別途料金がかかります。

SHOP INFORMATION

鶴橋駅から千日前通を東に約500m

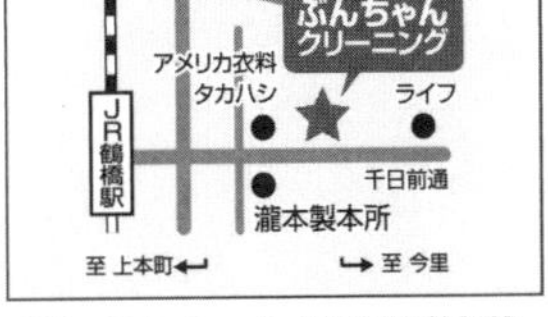

ぶんちゃんクリーニング 鶴橋店
大阪市東成区玉津2-21-20
☎06-6971-2907
営業時間 平日 朝10:00〜夜8:00 日祝 朝10:00〜夜7:00
定休日/水曜日

それが、「**バリュー（＝価値観）レター**」だ。

この「バリューレター」が、とんでもない効果を生み出すこととなる。

※当社のクライアントでは、バリューレターと呼ばず、ニュースレターと配布メニューを足したものなので「配布レター」や、「配布用のニュースレター」と呼んでいるお店が多い。だが、いろいろな名前で説明していくと、わかりにくくなるため、本書内では統一して「バリューレター」という名前で説明させていただく。

4 「ニュースレター」と「配布メニュー」を足した画期的ツール

新規客が「10倍以上」集まった方法

このポスティングを、毎月・2年間続けていただいた。もちろん一番の目的は、ファン客層などの大事なお客様との関係を深めるため。ところがこれを続けていくと、なんと、**新規客が増えてくる**のだ。しかも、驚くなかれ、続ければ続けるほど、反応がよくなっていく。石井氏からいただいたデータを、そのままご紹介しよう。このポスティングを続けたクリーニング店の平均的な結果だと思っていただくとわかりやすい。

ポスティングでの反応率

1〜3ヶ月目	…… 0.3%
7ヶ月目	…… 1.0%
13ヶ月目	…… 2.0%！

最近は5.0%超えのお店も！

クリーニング店においては、まず1〜3ヶ月目までの反応率が、およそ0・3％程度だった。反応率とはポスティングした枚数に対して、お店に来られたお客様の反応の割合だ。0・3％というと1000枚ポスティングをして、3人が反応したという数字だ。一般的にポスティングの反応率は0・1％と言われているので、悪くない数字である。悪くはないが、ポスティングをしたことのないお店は、「あんなにたいへんだったのに、この程度しか反応がないのか……」と考えて、やめてしまうお店がほとんどだ。

ところが、クリーニング店ではこれを気にしなかった。なぜなら、目的は「既存のお客様に届けたかったからだ。既存のお客様に届けるついでに、「どっちみち歩くんだから」と、見込み客のご家庭にもポスティングしているだけだ。なので、気にせずに、続けることができた（後述するが、この考え方の順番がとても重要）。

これを続けると、7ヶ月目から数値に変化が出てきた。なんと、反応率が1％を超えてきたのだ。さらに、継続して13ヶ月目を迎えると、**反応率が2％を超える**お店が続出するようになった。さらに続けると、反応はジワジワと上がり続け、**3年目に入ると、なんと反応率が5％、場合によっては10％を超える**お店まで生まれてきている。

だが、私はそれまで、ポスティングの反応率が2％、5％、ましてや10％などという経験をしたことがなかった。「いったい、クリーニング店で何が起こっているんだ」と不思議だった。繰り返すが、業界全体の売上げが半分になった業界だ。そんなところで「今まで新規のお客様が集まらない」と苦労していたのが、ポスティングをし続けることで、どんどんお客様が集まりはじめているのだ。

しかし、考えてみると理由は簡単だった。それは毎月欠かさずポストに入れ続けることによって、**「見込み客とも関係が深まって、信頼感が高まった」**からだ。毎月欠かさずポストに入れ続けたことで、**「知らないお店」から「よく知っているお店」に変わった**のである。

⑧新規客がザクザク集まりはじめた理由

だが、このような結果は、「一度だけ」撒いたってこうはならない。繰り返し、繰り返し、撒き続けることでジャブのように効いてきたのだ。つまり、私たちが、常連客に対して行なってきた「ニュースレター」と同じような効果が、まだ会ったことがない見込み客に対しても生まれてきたのだ。

また、「割引チラシ」を撒き続けてもこうはならない。【お客様と関係を築き上げる】ニュースレターと、【お店のこだわり・うんちくを伝える】配布メニューの2つの要素が重なり合うことで、見込み客にも効果が出たのだ。しかも、毎月内容を変え続けたことによって、見込み客にも興味を持って読まれ続けたのである。

⑧ 新規客を集める重要な考え方

しかも、今までのように、見込み客を「割引で集客して終わり」ではない。安さではなく、「価値観」で集客しているのだ。なので、「そもそも固定客になりやすいお客様」が集まってくる。その証拠に、これを実践していただいたお店の多くが、「バリューレターで集客したお客様のほとんどが、リピーターになってくれるし、最初から客単価が高い」と喜ばれる。

では、なぜ「価値観」で集客すると、「そもそも固定客になりやすいお客様」が集まってくるのだろう？　これは、「お店を浮気しよう」と考えているお客様の心理を考えてみると、非常にわかりやすい。

たとえば、「今通っているクリーニング店から、別の店に浮気をしよう」というお客様は、どのような心理状態だろうか。明確だ。今通っているお店に不満があるお客様だ。不満がなければ、浮気をしようとはあまり思わない。

ただ、この不満というのは、どのような不満だろうか。「ワイシャツをクリーニングに出すと、たまにボタンが割れてくるのよ」、「アイロンが強すぎて、シャツの一部が伸びてくるのよね」、「最近は小さなシミが取れていないことが多くて」といったような不満だろう。

ところが、クリーニング店がチラシや看板で伝えているのは「早い」「安い」「真っ白」の3点ばかり。先のような不満を持つお客様が、安いお店に浮気をするだろうか?

逆に、安いがゆえに、かえって不安になる場合もあるだろう。不満を持っているお客様が探しているのは、安いお店ではない。クリーニングがうまいお店だ。

「ボタンが割れて返ってくることに」「シャツの一部が伸びて返ってくることに」悩んでいるのだ。その悩みを解決してくれるお店を探している。

だから「価値観」を伝えるのだ。クリーニング店であれば、「洗い方」「仕上げ方」「検品の仕方」「保管方法」などなど。お店が大事にしている、こだわり・うんちくを伝えるわけだ。価値観が合うお客様だからこそ、その後も繰り返し利用していただけることになる。

⑧「安さこそが価値」というお客様もいらっしゃる。しかし……

もちろん、「今利用しているクリーニング店さんが、値段が高いから」という不満をお持ちのお客様もいらっしゃるだろう。しかし、そのようなお客様が、仮にあなたのお店に浮気をしてきても、その後もさらに安いお店を探し続ける。なぜなら、そのようなお客様は「安さ」に対してこそ最大の興味を持っているからだ。そのようなお客様のニーズにお応えすべく、あなたのお店が価格を安くし続けられるのであれば、それでも構わない。しかし、多くのお店はそうではないし（そうであっても）、価格勝負になれば、資本力の大きな大手にはかなわない。

だからこそ、あなたのお店は「価値観」で勝負しなければならない。

「多少高いけれども、あのお店がいいから」と、一生涯思い続けていただけるよう、商品の品質やお客様へのサービスを高めるのである。その上で、こだわり・うんちく・熱い思いを、お客様に伝え続けなければならない。なぜなら、お客様に「伝わっていないことは、やっていないに等しい」のだから。

では、具体的にバリューレターの「作成方法」と「活用方法」についてご説明していこう。

料金受取人払郵便

神田局
承認

7373

差出有効期間
令和３年７月
31日まで

郵便はがき

１０１-８７９６

５１１

(受取人)
東京都千代田区
神田神保町１－41

同文舘出版株式会社
愛読者係行

毎度ご愛読をいただき厚く御礼申し上げます。お客様より収集させていただいた個人情報は、出版企画の参考にさせていただきます。厳重に管理し、お客様の承諾を得た範囲を超えて使用いたしません。

図書目録希望　　有　　無

フリガナ お名前		性　別 男・女	年　齢 才
ご住所	〒 TEL　　（　　）　　Eメール		
ご職業	1.会社員　2.団体職員　3.公務員　4.自営　5.自由業　6.教師　7.学生　8.主婦　9.その他（　　）		
勤務先分類	1.建設　2.製造　3.小売　4.銀行・各種金融　5.証券　6.保険　7.不動産　8.運輸・倉庫　9.情報・通信　10.サービス　11.官公庁　12.農林水産　13.その他（　　）		
職　種	1.労務　2.人事　3.庶務　4.秘書　5.経理　6.調査　7.企画　8.技術　9.生産管理　10.製造　11.宣伝　12.営業販売　13.その他（　　）		

愛読者カード

書名

◆ お買上げいただいた日　　　　　年　　　月　　　日頃

◆ お買上げいただいた書店名　　（　　　　　　　　　　　　　）

◆ よく読まれる新聞・雑誌　　（　　　　　　　　　　　　　）

◆ 本書をなにでお知りになりましたか。

1．新聞・雑誌の広告・書評で　（紙・誌名　　　　　　　　　　）

2．書店で見て　3．会社・学校のテキスト　4．人のすすめで

5．図書目録を見て　6．その他（　　　　　　　　　　　　　）

◆ 本書に対するご意見

◆ ご感想

●内容　　良い　　普通　　不満　　その他（　　　　　　）

●価格　　安い　　普通　　高い　　その他（　　　　　　）

●装丁　　良い　　普通　　悪い　　その他（　　　　　　）

◆ どんなテーマの出版をご希望ですか

<書籍のご注文について>

直接小社にご注文の方はお電話にてお申し込みください。宅急便の代金着払いにて発送いたします。1回のお買い上げ金額が税込2,500円未満の場合は送料は税込500円、税込2,500円以上の場合は送料無料。送料のほかに1回のご注文につき300円の代引手数料がかかります。商品到着時に宅配業者へお支払いください。

同文舘出版　営業部　TEL：03－3294－1801

この画期的ツールこそが、新規客を集めた上に、常連客を維持するエンジンとなる。

いよいよ、この書籍でお伝えしたい核心部分に入ることとしよう。

4章

「100回客」をザクザク集める方法

100

新規集客の新しいツール「バリューレター」とは？

バリューレターのつくり方

では、バリューレターの中身とはいったいどんなものなのか。

そのつくり方を明らかにしよう。あくまでも例だが、クリーニング店のバリューレターで、具体的にご説明していこう。

バリューレターの全体像

まず、サイズが少し変わっている。Ａ４を縦半分に折った形だ。

なので、ずいぶん縦長に感じられて、違和感があると思う。まずこの違和感で、お客様に「バリューレターの存在」に気づいてもらうのだ。ポストの中に入るチラシが、あなたのお店だけのものならば、サイズなんてそれほど関係はない。しかし、現実はそう甘くはない。ポストに入っている数種類のチラシの中から「あれっ？　何これ？」と気づいていただく必要がある。

バリューレターの実物例

そのためには、まずはポストの中で目立たなければならないのだ。そのときに、この違和感が効果を生む。

では、各ページ別にくわしく説明していこう。

⑧バリューレターの1ページ目（表面）はこうつくる！

まず、バリューレターの表面。つまり1ページ目だ。ここには、

①あなたのお店のこだわり・うんちく
②経営者の熱い思い
③お客様が知らなかった知識。あなたがその商品を使っている理由

などを意識して、あなたのお店の**「価値観」**をお手紙で説明していこう。

拙著『「1回きりのお客様」を「100回客」に育てなさい！』をお読みの読者様ならお気づきだと思うが、右記①②の内容は、サンキューメールの内容に近い。

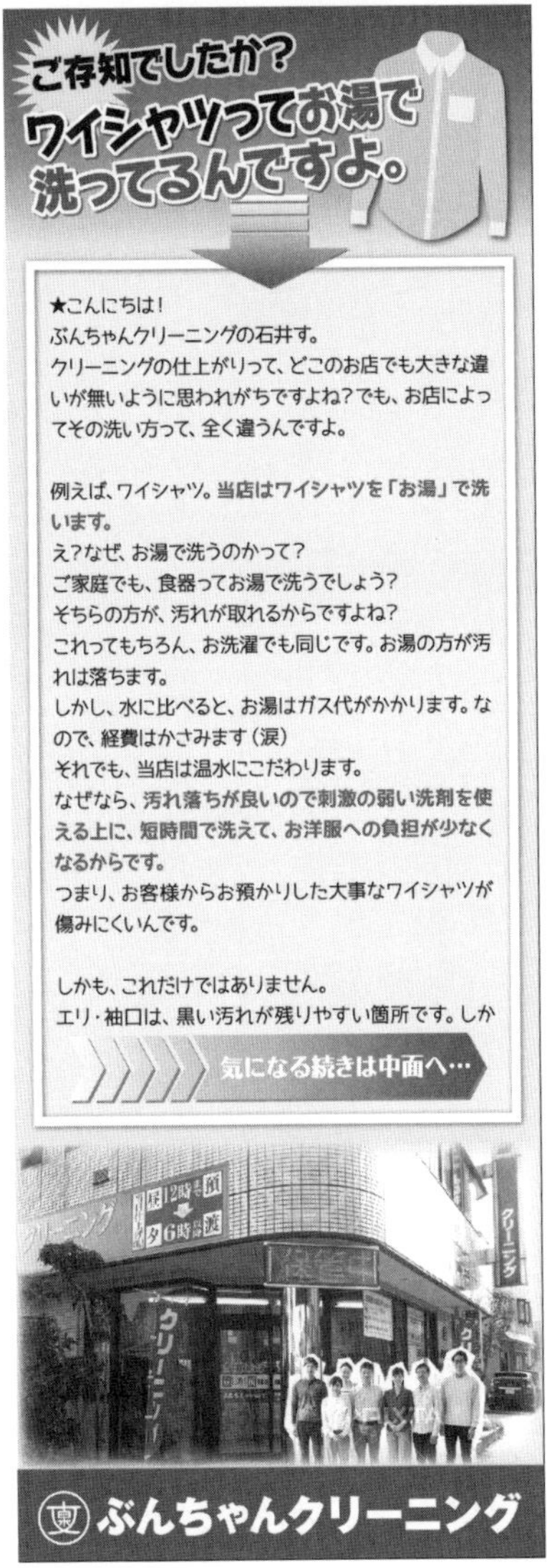

ご存知でしたか？
ワイシャツってお湯で洗ってるんですよ。

★こんにちは！
ぶんちゃんクリーニングの石井す。

クリーニングの仕上がりって、どこのお店でも大きな違いが無いように思われがちですよね？でも、お店によってその洗い方って、全く違うんですよ。


例えば、ワイシャツ。当店はワイシャツを「お湯」で洗います。

え？なぜ、お湯で洗うのかって？

ご家庭でも、食器ってお湯で洗うでしょう？

そちらの方が、汚れが取れるからですよね？

これってもちろん、お洗濯でも同じです。お湯の方が汚れは落ちます。

しかし、水に比べると、お湯はガス代がかかります。なので、経費はかさみます（涙）

それでも、当店は温水にこだわります。

なぜなら、汚れ落ちが良いので刺激の弱い洗剤を使える上に、短時間で洗えて、お洋服への負担が少なくなるからです。

つまり、お客様からお預かりした大事なワイシャツが傷みにくいんです。


しかも、これだけではありません。

エリ・袖口は、黒い汚れが残りやすい箇所です。しか

気になる続きは中面へ…

ぶんちゃんクリーニング

バリューレター・1ページ目（表面）

サンキューメールとは、あなたのお店を初めてご利用いただいたお客様に、3日以内にお届けするお手紙だ。

たとえば、多くのお店では7割以上のお客様が1回きりで終わりがちだ。逆に言うと、3割のお客様しか2回目以降のリピートがないのだが、クリーニング店でこのサンキューメールを送ると、2回目以降のリピート率が5割以上に引き上がる（ちなみに、その後3週間後にライクメールを送ると、このリピート率が6割に、3ヶ月後にラブメールを送るとリピート率が7割に引き上がるというデータが取れている。このサンキューメール・ライクメール・ラブメールの詳細については、拙著『「1回きりのお客様」を「100回客」に育てなさい！』にて、くわしくご説明している）。

そのお手紙で、「お店のこだわり・うんちく」「経営者の熱い思い」を伝えることを推奨している。

「サンキューメールに近い」と書いたのには理由がある。同じではないということだ。バリューレターでは、もう少し「小さなところ」に焦点を当てる。サンキューメールが、あなた自身（あるいはあなたのお店自体）に焦点を当てていたのに比べて、バリューレターでは「商品」や「技術」に焦点を当てる。なかでも、お客様が知らなかったこと。あなた自身がその商品を使っている理由など。③の要素を中核とする。

⑧バリューレターで「価値観」を伝える重要性

ではここで、スーツをクリーニングに出す場合を例に取ろう。

実は、クリーニング店ではワイシャツだけだと利益が確保しにくい。それでも、ワイシャツで日頃お付き合いしていると、スーツやコートが出てくるので、そこで儲ける必要がある。たが、このスーツやコートも、クリーニングに出にくくなっている。

石井文泉堂の石井氏曰く、「各家庭の平均を取ると、スーツのズボンは年間平均で4回しかクリーニングに出ていない」という統計が取れているらしい。一人ではない。各家庭で、だ。今、あなたの近くに座っている方が、スーツを着ているのであれば、……数ヶ月間は洗っていないと考えても、そう間違いではない。そして、あなたもその一人だったりする。

スーツやコートがクリーニングに出てこない。すると、クリーニング店では「やはり、スーツの料金が高いからかなぁ」と思いがちになってしまう。だが、あなたは、今通っているクリーニング店の、スーツの料金を覚えているだろうか？　恐らく覚えていないはずだ。覚えていないのであれば、「高いからスーツをクリーニングに出していない」というわけではない。そんな状態で、お店が少し安くしたって、スーツはクリーニングには出てこないだろう。

では、なぜスーツがクリーニングに出てこないのだろう。

理由は簡単。クリーニングにスーツを出すと、「傷むかも？」と思っているからだ。ワイシャツは、直接肌に当たるし、シワにもなりやすい。なので私も、ワイシャツを1回着ると、クリーニングに出している。多少、傷んでも仕方がないとも思っている。

ただ、スーツはそうはいかない。値段が違う。数万円から、高いスーツになると10万、いや、それ以上に高いスーツを持っている方も多いだろう。だから、傷むのが嫌なのだ。

しかし、「とあるクリーニング店」は、スーツの洗い方もすごい。

たとえば、仮に誤ってスーツのポケットに「薄いティッシュ」を1枚入れたままでクリーニングに出したとしよう。どうなると思う？　当然、ティッシュはグチャグチャ。ポケットの中で砕け散り、たいへんな状態になっているのが容易に想像できる。

――ところが。

「とあるクリーニング店」の場合、キレイに洗って返ってきたスーツのポケットから、その薄いティッシュ1枚が、**ほとんど形変わらず現われてくる**。つまり、薄いティッシュ1枚破れない、やさしい洗い方をしているのだ。スーツを洗って、ひどく傷むなんて、あるはずもない。

⑧「とあるお店」の正体

もうお気づきだろう。このスーツの洗い方。これも日本全国、ほぼすべてのクリーニング店がやっていることだ。「ドライクリーニング」というのは、そういう洗い方なのだ。潤滑油のような摩擦の少ない溶剤を使い、やさしく・丁寧に洗っているのである。

逆に、スーツが傷む理由は、「洗わないから」にもあるらしい。スーツを洗わないと、繊維と繊維の間に、小さなホコリや汚れが入り込む。この入り込んだホコリが、繊維と擦れ合って傷みの原因となる、ということのようだ。たしかに、クリーニング店との懇親会に参加すると、皆さんが着ているスーツは、とてもシャキッとしている。これは、いつもクリーニングで洗っているからなのかもしれない。

ところが、肝心のクリーニング店が、これをお客様に伝える重要性に気づいていない。「お客様もそんなこと知っているはずだし、気にもしていませんよ」と胸を張っておっしゃる。だが、客の立場である私も、胸を張って言おう。「そんなことは知らなかった」と。

だから、あなただけは「価値観」を伝えていくのだ。すると、「あそこのお店は、すごいワイシャツの洗い方をしているようだ」「あそこではスーツを洗っても傷まないらしいよ」。お客様が抱いている勘違いを正すだけで、お客様が集まりはじめる。

となりのライバル店はきっと首をかしげることだろう。「うちも同じことをしているのに、何であのお店ばかりにお客様が集まって、うちには集まらないのか?」と。理由は簡単。伝えていないからだ。お客様からすると、お店が伝えていないことは、やっていないに等しい。あなたの業界の常識は、お客様からすると非常識なのだ。「そんな当たり前のこと、お客様は知っているよ」。まずはそこを疑うのである。

▼美容院であれば、
多くのお客様は「パーマやカラーは髪が傷む」と思っているはずだ。
▼寝具店であれば、肩こりの原因は、
「枕だけではなく、敷き布団にもあること」に、お客様は驚くはずだ。
▼ガソリンスタンドであれば、
「洗車機では車に傷が付く」と誤解しているお客様も多いはずだ。
▼メガネ店であれば、
「遠近両用メガネは、早めに使い始めたほうがいい場合がある」ことを知らないお客様がほとんどだろう。

このような、「お客様が知らなかった知識」、「あなたがその商品を使っている理由」をお客様に伝え続けるのだ。

⑧伝える価値観が思い浮かばない場合は……

このように、どんな業界でも、お客様が知らないことは存在する。「いや、そんなことはうちの業界に存在しない」。そんなことはないとは思うが、仮に存在しないのであっても大丈夫だ。その場合は、あなたが知っていて、お客様が知らない「もっと深い常識」を伝えればいいのだ。

私のクライアントには、寝具店も多い。

その寝具店の経営者が、ふだん使っている布団はいくらするかごぞんじだろうか？　ほとんどの場合、軽く100万円を超える。なぜなら、「人生の3分の1は布団の中」だからだ。それほどの時間を、体に合わない布団で過ごしていては、睡眠の質も悪くなるし、肩こりや、腰痛の原因にもなる。快適な睡眠を得ようと思うと、100万円を超える寝具になってしまうのだ。100万円を超える寝具と聞くと、驚かれるかもしれない。「でも、1日平均1時間も乗らない車には数百万円をかけるでしょう。だったら、1日に7~8時間も体を休ませているお布団に100万円をかけたって、逆に安いくらいだよ」。売り文句ではなく、彼らは心の底からそう思っている。

でも、なぜそう思うのか。寝具のプロだからだ。長年の経験から、寝具のこと、睡眠のことにくわしくなった結果、当たり前のようにそう思うようになった。だがそれを、お客様が1回だけ聞いたって、その場で100万円の寝具を揃えようとは思わない。だから、伝え続けるのだ。すると、「100万円はさすがに無理だけど……数十万円くらいの布団は必要かな？」。しばらくすると、そう思えるようになる。

たとえば、あなたがガソリンスタンドの経営者の場合。タイヤを買うときは、当たり前のように高いタイヤを買うはずだ。では、なぜ高いタイヤを買うのだろうか。高いタイヤのほうが、自分にメリットが大きいことを知っているからだ。安いタイヤで万が一にも事故を起こしたときには、その高いタイヤ以上に出費がかさむ。いや、出費に限った話ではない。何よりも精神的苦痛が大きい。大切な人を守るために、少しくらい高くても安心できるタイヤを買ったほうが、メリットが大きいことをあなたは知っているからだ。でも、それはあなたの中では常識かもしれないが、お客様からすると非常識だ。

プロであるあなたが、売り文句ではなく、心の底から「この高い商品を使っている理由」が

顧客育成とは？

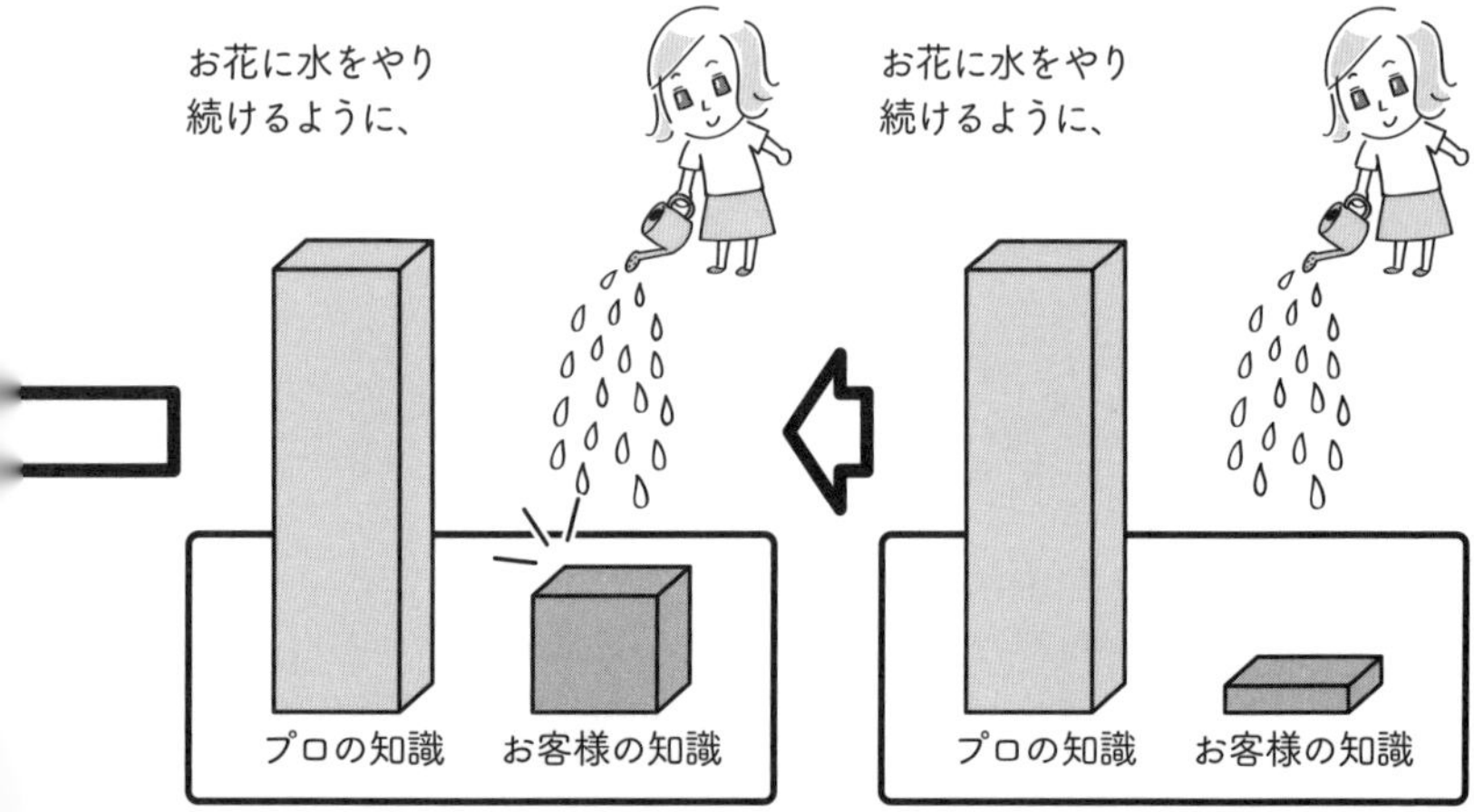

あるはずだ。その知識にお客様が達すれば、同じように高い商品を買っていただけるはずだ。

だが、お客様が、自らそのような勉強をするはずがない。だから、あなたがその深い知識を「伝え続ける」のだ。

▼あなたが、当然のように高いパーマをかける

▼あなたが、当然のように高いタイヤを買う

▼あなたが、当然のように高い化粧品を使う

その理由を伝え続け、お客様の知識・意識を高めていく。これを私は「**顧客育成**」と呼んでいる。

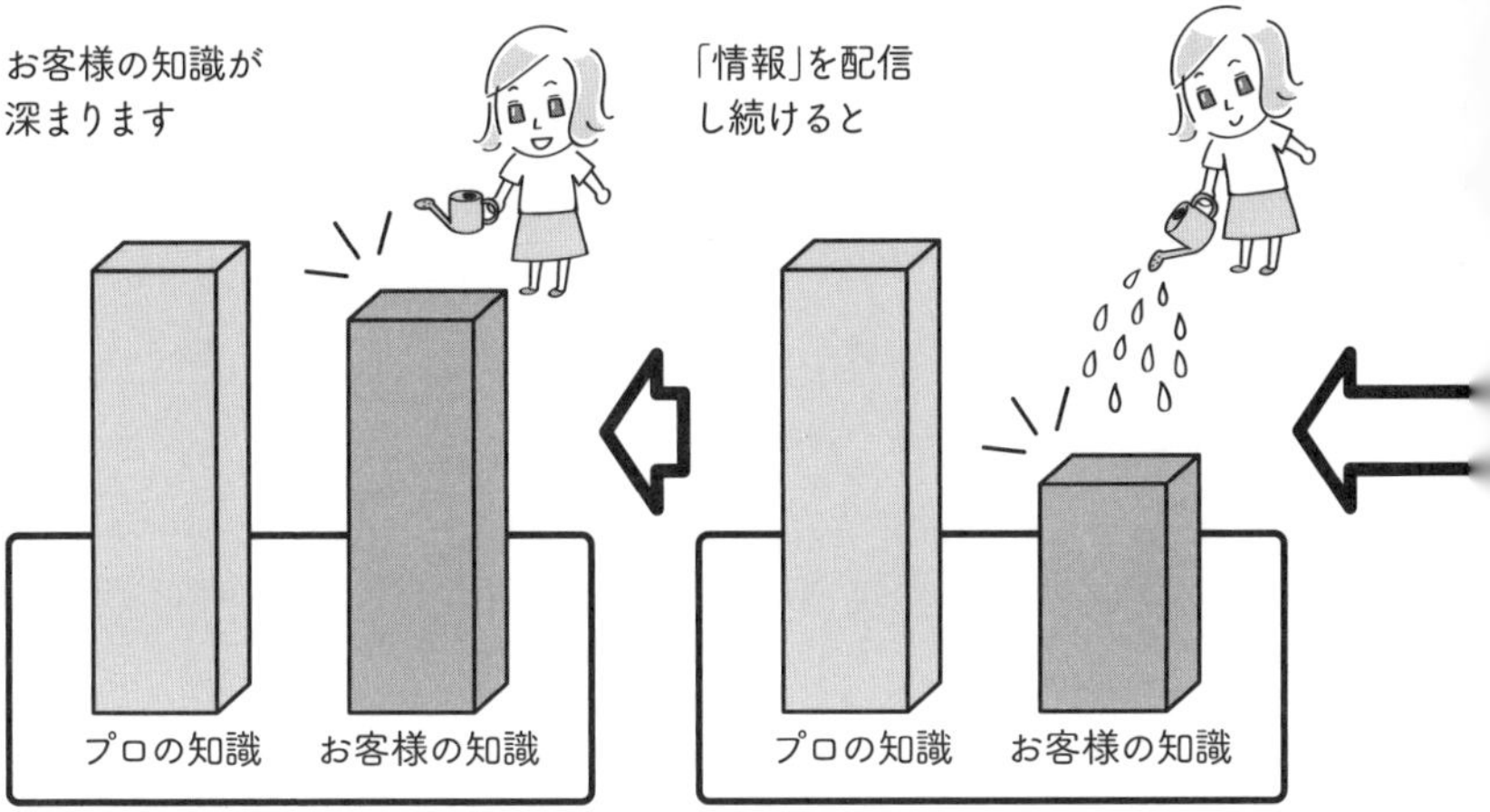

⑧顧客育成の重要性

「顧客育成」をわかりやすく図にすると、上図のような状態だ。

あなたは、「何で、お客様はこんなによい商品を使わないんだろう?」と心底不思議に感じているだことだろう。

しかし、お客様は「何で、私がそんなに高い商品を買わなきゃいけないの?」と思っている。ここに情報の格差が存在する。

でも、あなたも一度にその知識に達したわけではないだろう。少しずつ、少しずつ勉強し、経験し、情報を蓄積してきた。

だから、それをお客様にわかりやすく、根気よく伝え続ける。すると、ジワジワとお客様の知識が深まっていく。

もちろん、あなたの知識に追いつくことはないが、それでも115ページの図のようにお客様の知識が深まった上で、あなたが本当に使っていただきたい商品をおすすめすれば、お客様は喜んでその商品を購入してくれるはずだ。

▼お客様の意識が高まれば、次の商品への購入が促進される
▼お客様の知識が深まれば、よりよい高額商品が選ばれる

これが「顧客育成」だ。

⑧これから出会うであろう新規客を、先に育成する？

これを私たちは今まで、「ニュースレター」というツールを使い、既存客に対してのみ行なっていた。だが、今後はこの「顧客育成」を、まだあなたのお店のお客様になっていない「見込み客」にも、行なっていこうという提案だ。

⑧メインコンテンツ作成の3つのポイント

ただ、それだけだと説明書っぽくなってしまい、読んでいる方が面白くない。なので、あなたからの「**お手紙**」として読んでいただくのだ。大事なのは「お手紙」として伝えること。理由は明確。お手紙なら読んでいただきやすいからだ。

このお手紙が、バリューレターの中核となるので「メインコンテンツ」とも呼んでいる。メインコンテンツ作成のポイントは３つある。

①「お客様目線」で価値観を伝えること
②「読みやすさ」を大事にすること
③「あえて長文」にすること

とても大事なことなので、各々を丁寧にご紹介していこう。

⑧ ①「お客様目線」にするコツ

まずは、①「お客様目線」であること。
商品にくわしい方が文章を書くと、どうしても「機能説明」になりがちだ。
たとえばパソコンにくわしい方が説明文を書くと、こんな感じになる。

「ハイスペックモデル登場！　ＣＰＵはIntelCorei7プロセッサ搭載、メモリも16ギガ。ＳＳＤは２５０ギガ。グラフィックボードもリアルタイムレイトレーシングに対応して、28万円！」。

このような説明がされていても、素人には何のことだかさっぱりわからない。これは、商品の「仕様」を説明しているに過ぎない。

だから、お客様目線で文章を書くのだ。小学生にでもわかるように、かみ砕いて書けばよい。そこに、お店のこだわり・うんちく・熱い思いをしたためるのだ。

逆に言えば、その業界にくわしくない方が書いたほうが、お客様目線の文章になりやすい。

⑧②文章を読みやすく書く方法

その上で、②「読みやすさ」を大事にする。

「文章のプロじゃないんだから。読みやすい文章を書くことなんてできないよ」。

もしかすると、あなたは今そう思われているかもしれない。でも、大丈夫。そうむずかしいことではない。ポイントはひとつ。「話し言葉」で書くことだ。「文法」・「てにをは」、については、あまり気にする必要はない。なぜならお手紙なのだから。

たとえば、私は本を書いているが、文章の勉強なんてしたことがない。元々がコテコテの理系だ。正直、プロのライターが読むと、「何てひどい文章なんだ」と言われるような駄文だと思う。しかし、ありがたいことに、読者様からは「とても読みやすい」と言われることが多い。もちろん、お世辞も含めて言っていただいていることはわかっているが、もし本当に読みやすいのだとすれば、そこには秘密がある。「話している」のだ。頭の中で、人に話していることを、そのまま書いている。筆が進まないときは、ボイスレコーダーに向かい、声に出して話し、その音声を後で文字起こしすることさえある。つまり、本当に「話している」のである。

あなたが人と話をするとき、「文法」や「てにをは」を気にするだろうか。100%気にしていないはずだ。でも、お客様に直接説明するときは、わかりやすく説明できているはずだ。それは「話している」からだ。ところが、それを文章にすると、難しく書いてしまう。バリューレターのメインコンテンツは論文ではない。お手紙なのだ。文章の上手い下手は気にしなくてもよい。思いを込めて、わかりやすく話しかければよい。

⑧話し言葉にするもうひとつのメリット

また、1ページ目の最下部には「スタッフさんの写真」を掲載する。するとどうなるのか？メインコンテンツの文章を「話し言葉」で書いているので、このスタッフさんが、語りかけて教えてくれているような感じになる。つまり、このスタッフさんに親しみを感じるのだ。そのお店を利用したことがない、まだ会ったこともないスタッフなのに、先に親しみを感じるのだ。お店にとっては、大きなアドバンテージとなるだろう。

余談だが、同じく最下部にはお店の外観写真を大きく載せておく。これは、パッと見て、このお手紙がどこのお店から来たものかを、ひと目でわかるようにするためだ。残念ながら、100％全員がこのお手紙を読んでくれるわけではない。ゴミ箱に直行する場合もあるだろう。

しかし、ゴミ箱に直行する際も、必ず仕分けはしている。その際に、どこのお店のものかわからないまま、「どこかのクリーニング店だな」と思って仕分けされるよりも、「あー、あそこの●●クリーニング店か」と思っていただいたほうが、あなたのお店の存在が記憶には焼き付く。なので、「キャッチコピー」と「お店の外観」と「スタッフ写真」だけは、最低でも目に入るように大きく作成する必要がある。そのうちに、「あのお店は、毎月内容を変えて入れてきて……なんか一所懸命だな」と思っていただける見込み客が増えてくる。

⑧ ③「あえて長い文章」にする理由とは？

そして、③「あえて長文」にする。

ここで、あなたはこう思っているだろう。「長い文章なんて読まれないんじゃないの？」と。たしかに、長い文章は読まれにくい。だが、私はすべてのお客様に、この文章を読んでいただこうとは思っていない。必要としている人に、読んでほしいのだ。

クリーニングのスーツを例に取ろう。そもそも、私はすべての人にたくさんスーツを出してもらおうなんて思っていない。世の中には、「スーツなんて、多少ヨレヨレになっても気にしない」という人もいる。そんな人に、いくらスーツのクリーニングが安心なことを説明したって、暖簾に腕押しであることは一目瞭然だ。

私が狙っているのはその人達ではない。「いつも、スーツをシャキッとさせておきたい」と思っている人達だ。「本当は頻繁にクリーニングに出したいけれども、クリーニングに出し過ぎるとスーツが傷みそうな気がする」と思っている人が必ずいる。彼らは、スーツのクリーニングに興味があるのだ、いや、興味があるどころか、「そろそろ安心なクリーニングが、世の中に登場しないのかな?」と待ち望んでさえいる。

そんな方は、スーツのクリーニングに興味があるので、「当店のドライクリーニングは安心です」というキャッチコピーがあれば、読みたくなるはずだ。ただ、キャッチコピーだけではダメで信用してくれない。「お店は、売りたいんだからそう言うよね。でも、それでスーツが傷んだら、損するのはこっちのほうだから」と思ってしまう。だからこのお客様に、信じてもらわなければならない。そのためには、長文が必要なのだ。

⑧ キャッチコピーだけでは商品が売れない理由

もちろん、目を引くためにはキャッチコピーは重要だ。しかし、キャッチコピーだけだと、3秒だけで説明しているようなものだ。いくら、その商品に興味を持っていても、お客様の重たい腰は上がらないだろう。

たとえば、あなたが、羽毛ふとんに興味を持っているとする。ジャパネットたかたの高田社長が、テレビショッピングで「3秒だけ」商品の説明をしたとしよう。あなたが、その商品を買う可能性はあるだろうか？　99％ないと言っても過言ではないだろう。

だが、ごぞんじの通り、ジャパネットでは、そんなことはしない。ひとつの商品に時間をかけて、しっかり・丁寧に、それこそ小学生でもわかるように、かみ砕いて話し言葉で説明している。多くの商品で2～3分、いやそれ以上、説明していることも多い。ジャパネットたかたに限った話ではない。夜中の通販番組を見ると、ひとつの商品に30分前後を使って説明している通販番組もある。

「3秒」と「30分」——。いったい何が違うのだろう？

——そう。説明の量だ。つまり「言葉数」が違うのだ。

だからこそ、バリューレターのメインコンテンツは長文にする必要がある。目を引くキャッチコピーに続けて、長文で説明するのだ。もちろん、無駄に長くする必要はない。しかし、伝えるべき内容は、しっかりと伝えなければならない。狙いはすべての見込み客に読んでいただくことではない。興味がある人に読んでいただき、信じていただくのだ。そのためには、しっかりと説明をしなければならない。

⑧バリューレターの2ページ目（中面・左）はこうつくる！

このように、1ページ目のメインコンテンツは長文になってしまう。

「でも、こんな長文、1ページにおさまるのかな？」

あなたはきっとそう思っていることだろう。そう、おさまらない。

だからこのお手紙は……**2ページ目にまで続く**。

場合によっては3ページ目、4ページ目までも、メインコンテンツで埋め尽くされることもある。ただ、後述するが、他にも伝えたいことがあるので、基本は2ページとしている。しかし、本来はページ数にこだわるべきものではないとも思っている。なぜなら、伝えるべき内容は、すべて伝えなければならないからだ。あまりにも伝えるべきことが多い場合は、2ページの内容を数回に分けてお伝えすることもある。

逆に、「書くことがなくて2ページに満たない」ということがあるかもしれない。その場合は、無理に長文にする必要はない。1ページで抑え、2ページ目には他のことを伝えてもいいだろう。ただ、A4半分サイズの2ページだ。小さなこだわりや、あなたの思いなども詰め込むと、1ページでおさめることのほうがむずかしいと思う。

1ページ目（表面）

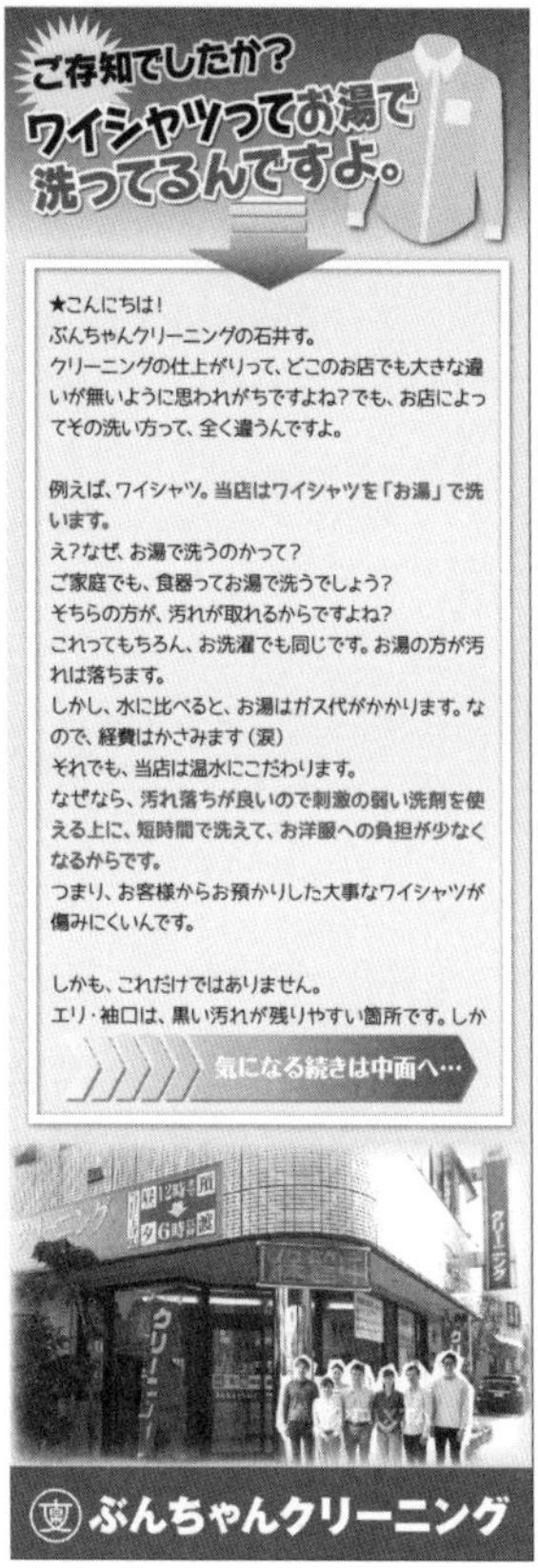

ご存知でしたか？
ワイシャツってお湯で洗ってるんですよ。

★こんにちは！
ぶんちゃんクリーニングの石井す。

クリーニングの仕上がりって、どこのお店でも大きな違いが無いように思われがちですよね？でも、お店によってその洗い方って、全く違うんですよ。


例えば、ワイシャツ。当店はワイシャツを「お湯」で洗います。

え？なぜ、お湯で洗うのかって？

ご家庭でも、食器ってお湯で洗うでしょう？

そちらの方が、汚れが取れるからですよね？

これってもちろん、お洗濯でも同じです。お湯の方が汚れは落ちます。

しかし、水に比べると、お湯はガス代がかかります。なので、経費はかさみます（涙）

それでも、当店は温水にこだわります。

なぜなら、汚れ落ちが良いので刺激の弱い洗剤を使える上に、短時間で洗えて、お洋服への負担が少なくなるからです。

つまり、お客様からお預かりした大事なワイシャツが傷みにくいんです。


しかも、これだけではありません。

エリ・袖口は、黒い汚れが残りやすい箇所です。しか

気になる続きは中面へ…

ぶんちゃんクリーニング

2ページ目（中面・左）

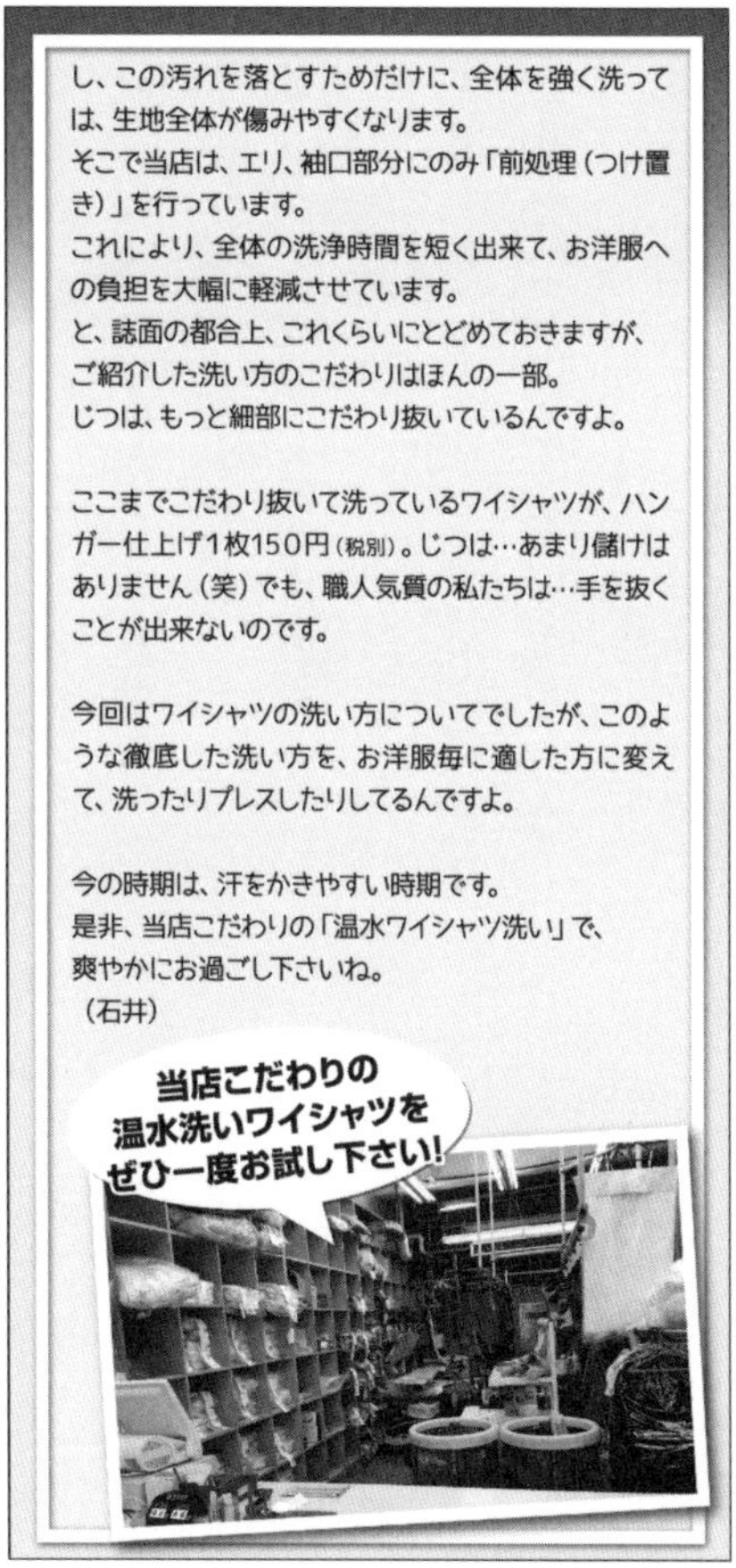

し、この汚れを落とすためだけに、全体を強く洗っては、生地全体が傷みやすくなります。

そこで当店は、エリ、袖口部分にのみ「前処理（つけ置き）」を行っています。

これにより、全体の洗浄時間を短く出来て、お洋服への負担を大幅に軽減させています。

と、誌面の都合上、これくらいにとどめておきますが、ご紹介した洗い方のこだわりはほんの一部。

じつは、もっと細部にこだわり抜いているんですよ。


ここまでこだわり抜いて洗っているワイシャツが、ハンガー仕上げ1枚150円（税別）。じつは…あまり儲けはありません（笑）でも、職人気質の私たちは…手を抜くことが出来ないのです。

今回はワイシャツの洗い方についてでしたが、このような徹底した洗い方を、お洋服毎に適した方に変えて、洗ったりプレスしたりしてるんですよ。

今の時期は、汗をかきやすい時期です。
是非、当店こだわりの「温水ワイシャツ洗い」で、
爽やかにお過ごし下さいね。
（石井）

当店こだわりの
温水洗いワイシャツを
ぜひ一度お試し下さい！

⑧ バリューレターの3ページ目（中面・右）はこうつくる！

さて、1～2ページ目のメインコンテンツが、バリューレターの中核という説明をした。だが、そのメインコンテンツと同じくらい、いや、長い目で見ると、それ以上に重要なことを3ページ目で伝える。それが「人」だ。

お客様は、知らないお店に対して、「あの店は商品がいいのかな？」と、同じくらい不安に思っていることがある。それは、「どんな人がやっているのかな？」ということだ。お店に入った瞬間に冷たい接客を受けるのではないかとか、無愛想なスタッフがいるのではないかとか、扉を開けるまでが不安なのだ。でも、それは「知らないから不安」なのである。であれば、あなたやスタッフのことを、もっと知ってもらえばいい。

▼まだあなたのお店を利用したことがない「見込み客」には、お店を選ぶ前から、**「先に」知っておいてもらう。**

▼すでにあなたのお店を利用したことがある「既存客」には、

今まで以上に、**「もっと」知ってもらう**のだ。

つまり、商品を売る前に「人」を売る。あなたやスタッフに、深い感情を持っていただけるようにするのである。

⑧お客様からあなたに、深い感情をいだいていただける方法

そこで、3ページ目では「スタッフ紹介」コーナーを用意し、毎回スタッフを自己紹介させていく。

「毎回自己紹介なんてネタが持たない」。そう思われる方もいるだろう。当社のクライアントも、以前はそうだった。なので、現在では毎回、私のほうから「お題」を提供するようにしている。お題があれば、それに答えるだけでよい。

「宝くじで一億円当たったらどうする？」「寒い冬の、あたたかい思い出は？」「私のどうでもいい自慢話」などなど。お題があれば、それに付随して、なんらかの経験を思い出すものだ。スタッフでお題を順番に考え、毎月出し合えばネタも尽きないはずだ。しかも、毎回お題が変わることで、自然とプライベート情報が引き出されていく。結果、回数を重ねるごとに、お客様からの感情が深まっていく。

ぶんちゃんクリーニング

今月のスタッフからのコメント

お題 健康のための習慣は？

ぶんちゃん
クリーニング
代表

石井 康裕

犬の散歩

毎朝晩、犬の散歩を兼ねて歩いています。以前より腰痛やギックリ腰になりにくくなったような気がします。そしてておいしくビールを飲むこと。そのために歩いているようなものですね（笑）これ、健康のためと言えるのでしょうか？

ぶんちゃん
クリーニング
店長

三島 ゆき

お酢

私は、酢を炭酸水で割って飲んでます。酢といっても、りんご、ブルーベリーなどいろんな味があっておいしいです!やっぱり夏の暑い日には冷たい飲み物を飲みたくなるものですよね!炭酸でシュワーっとなってスッキリ爽快感が味わえます。

今月のお洗濯のツボ！！

カーテンを洗う前に

暑い季節はカーテンを洗うのに最適ですね。表示を見て、家で洗えるカーテンなら、洗ってそのまま元通りカーテンレールに吊るせば、お天気のいい日ならあっという間に乾いてしまいます。ただし、ここで注意しなくてはならないのは、カーテンレールや、窓やサッシの汚れ。先にこちらをきれいにしておかないと、せっかく洗ったカーテンが汚れてしまいますよ。

バリューレター・3ページ目（中面・右）

また、できる限り「スタッフ写真」も掲載したほうがよい。だが、このようなご時世だ。写真掲載を嫌がるスタッフもいるだろう。そんな場合は、「似顔絵」でも構わない。今の時代、インターネットで検索すれば、似顔絵を描いてくれるイラストレーターがすぐに見つかる。本来は写真が好ましいのだが、いやいや撮影して、不機嫌な顔の写真を掲載しては、お客様が不安になる。そんなことになるくらいであれば、似顔絵を掲載したほうが100倍無難だ。ただ、その場合は全スタッフを似顔絵で統一したほうがよい。ここがチグハグだと、意思統一ができていないお店に感じ取られる。

⑧見込み客には「先に」知っておいてもらう

この「スタッフ紹介」によって、あなたやスタッフのことを、お店を利用する前から先に知っておいていただける。

少し想像してほしい。あなたが知らないお店の暖簾をくぐる際に、「どんなスタッフがいるかわからないお店」に入る際と、「親しみのあるスタッフが多そうなお店」に入る場合には、どちらのお店のほうが入りやすいだろう。ほとんどの方が後者を選ぶだろう。その状態を作るのだ。

あなたやスタッフの人間性を、回数を重ねて伝えて続けていくことで、まだお店を利用したことがない「見込み客」が、あなたやスタッフに感情をいだきはじめる。親しみを持つようになる。まだあなた方と一度も会ったことがないにもかかわらず。ここにどのようなアドバンテージがあるのか？　お店を経営しているあなたであれば、簡単に想像がつくはずだ。

⑧既存客には「もっと」知ってもらう

既存客には、あなたやスッタフのことを、今まで以上にもっと知っていただける。実は、お客様は、あなたともっと話したいと思っている。思ってはいるが、何を話してよいかわからない。なぜなら、あなたのことをそれほど知らないからだ。

しかし、あなたやスタッフの人間性を、回数を重ね伝えて続けていくことで、話題の糸口が増える。「あなたって、私と同じ高校出身だったのね」「あれは、お母さんも喜んだでしょうね」「あのスポーツジムはまだ続いているの？」などなど。今までは、あなたが一方的に話していたのが一転、お客様からのお声がけが増えてくる。お客様からのお声がけが増えると、あなたもとても話しやすくなるだろう？　つまり、お互いにさらに話しやすくなってくるのだ。回数を重ねるごとに、お客様と今まで以上に、関係が深まり、信頼感が高まっていく。商売の肝と言っても過言ではないだろう。

⑧プロの知識・見解を伝える

3ページ目には、スタッフ紹介に加えて、もうひとつ伝えていくことがある。それが「お役立ち情報」だ。

たとえば、クリーニング店であれば、「シミが付いたときの応急処置」「アイロンがけのちょっとしたコツ」、「スーツのシワを伸ばす方法」など、商売のことは度外視して、あなたがプロとしてお伝えできる、お客様に役立つ情報を伝えていくのだ。

このような、プロだからこそお伝えできる、ちょっとしたお役立ち情報が掲載されていると、そのお店に興味がなくても、次号もこのお役立ち情報を読みたくなってしまう。売り込みだけ・安売りだけのチラシではこうはならない。ページを開くと、その上に「スタッフ紹介」が掲載されているので、知らず知らずのうちにスタッフにも親しみが湧くようになる。また、プロならではのお役立ち情報をお伝えし続けることで、あなたのお店の信頼度も上がっていくことだろう。こうして、徐々にあなたのお店をお客様の脳に焼き付けていくのだ。

⑧クーポンをつける場合の注意点

さて、私は一見すると「割引集客」の否定論者と思われがちだ。だが、そうではない。「割引だけ」で集客するのを否定しているのであって、お客様の背中を押す程度の割引であれば、つけても構わないと考えている。

ただ、その前に、しっかりと価値観を伝える必要がある。クーポンを使った「安さ」に反応していただくのではなく、メインコンテンツをしっかりと読んでいただいて、その内容に興味を持ったお客様の背中を押すためにクーポンを使いたいのだ。なので、通常「クーポンは、表紙につけたほうが反応がいい」と言われているが、そこをあえて中面につけることもある。そして、クーポンの内容もメインコンテンツに連動させる。また、割引は「背中を押す」のが目的なので、それほど大きくなくて構わない。割引が大きすぎると「安さ」のほうに価値を感じてしまう。

たとえば、1万円のステーキが、クーポン利用で1000円で食べられるとしよう。

もちろんすごくおいしかった。しかし、その後あなたは、定価の1万円でこのステーキ屋を利用するだろうか？　恐らくしないはずだ。それは、「1000円で食べられたものを1万円

1ページ目から続いている
長文の【メインコンテンツ】

【スタッフ紹介】

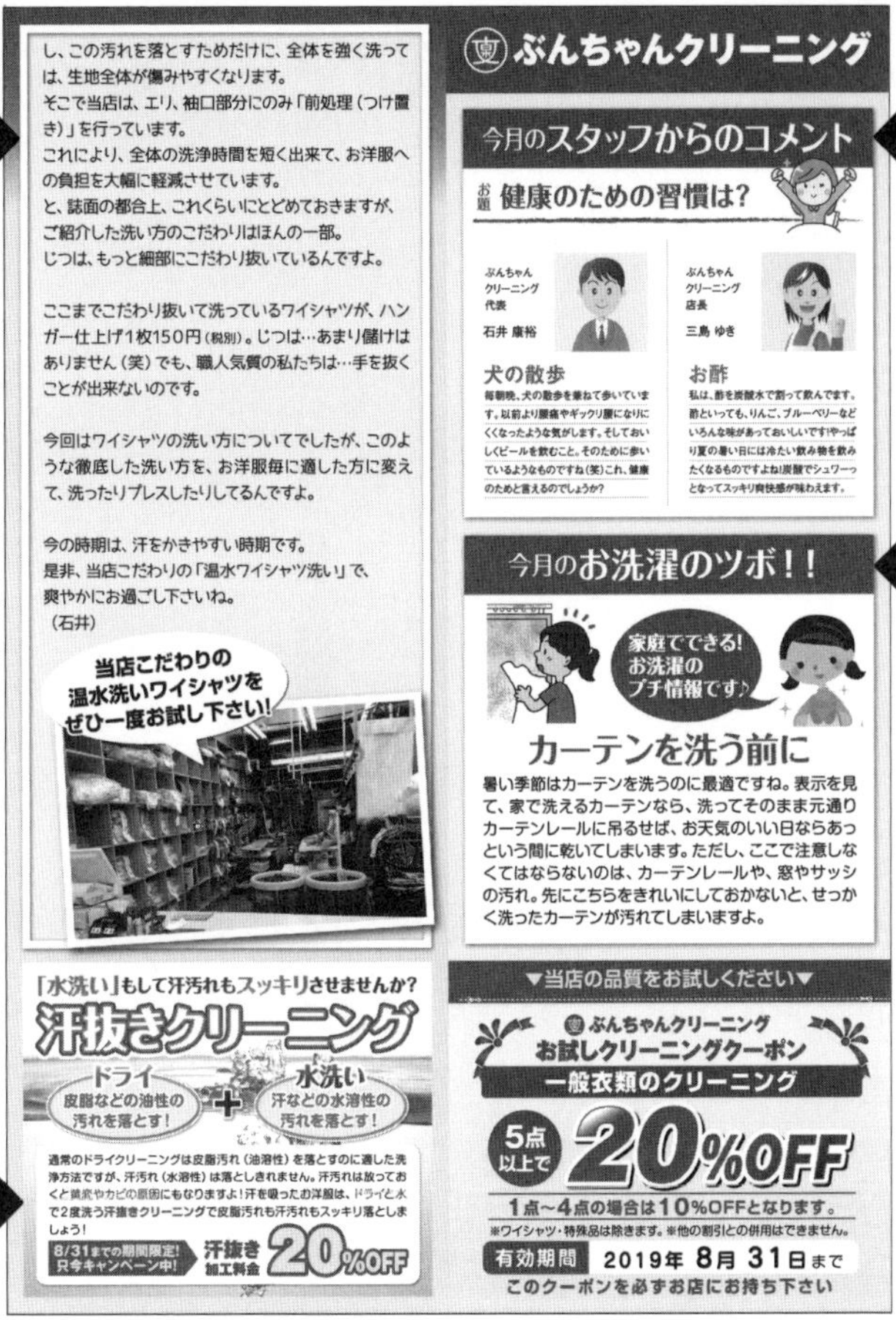

し、この汚れを落とすためだけに、全体を強く洗っては、生地全体が傷みやすくなります。
そこで当店は、エリ、袖口部分にのみ「前処理（つけ置き）」を行っています。
これにより、全体の洗浄時間を短く出来て、お洋服への負担を大幅に軽減させています。
と、誌面の都合上、これくらいにとどめておきますが、ご紹介した洗い方のこだわりはほんの一部。
じつは、もっと細部にこだわり抜いているんですよ。

ここまでこだわり抜いて洗っているワイシャツが、ハンガー仕上げ1枚150円（税別）。じつは…あまり儲けはありません（笑）でも、職人気質の私たちは…手を抜くことが出来ないのです。

今回はワイシャツの洗い方についてでしたが、このような徹底した洗い方を、お洋服毎に適した方に変えて、洗ったりプレスしたりしてるんですよ。

今の時期は、汗をかきやすい時期です。
是非、当店こだわりの「温水ワイシャツ洗い」で、
爽やかにお過ごし下さいね。
（石井）

当店こだわりの
温水洗いワイシャツを
ぜひ一度お試し下さい！

ぶんちゃんクリーニング

今月のスタッフからのコメント

お題 健康のための習慣は？

ぶんちゃん
クリーニング
代表
石井 康裕

犬の散歩
毎朝晩、犬の散歩を兼ねて歩いています。以前より腰痛やギックリ腰になりにくくなったような気がします。そしておいしくビールを飲むこと。そのために歩いているようなものですね（笑）これ、健康のためと言えるのでしょうか？

ぶんちゃん
クリーニング
店長
三島 ゆき

お酢
私は、酢を炭酸水で割って飲んでます。酢といっても、りんご、ブルーベリーなどいろんな味があっておいしいです！やっぱり夏の暑い日には冷たい飲み物を飲みたくなるものですよね！炭酸でシュワーっとなってスッキリ爽快感が味わえます。

今月のお洗濯のツボ！！

家庭でできる！
お洗濯の
プチ情報です♪

カーテンを洗う前に

暑い季節はカーテンを洗うのに最適ですね。表示を見て、家で洗えるカーテンなら、洗ってそのまま元通りカーテンレールに吊るせば、お天気のいい日ならあっという間に乾いてしまいます。ただし、ここで注意しなくてはならないのは、カーテンレールや、窓やサッシの汚れ。先にこちらをきれいにしておかないと、せっかく洗ったカーテンが汚れてしまいますよ。

「水洗い」もして汗汚れもスッキリさせませんか？

汗抜きクリーニング

ドライ
皮脂などの油性の汚れを落とす！
＋
水洗い
汗などの水溶性の汚れを落とす！

通常のドライクリーニングは皮脂汚れ（油溶性）を落とすのに適した洗浄方法ですが、汗汚れ（水溶性）は落としきれません。汗汚れは放っておくと黄ばみやカビの原因にもなりますよ！汗を吸ったお洋服は、ドライと水で2度洗う汗抜きクリーニングで皮脂汚れも汗汚れもスッキリ落としましょう！

8/31までの期間限定！
只今キャンペーン中！
汗抜き 加工料金 20%OFF

▼当店の品質をお試しください▼

ぶんちゃんクリーニング
お試しクリーニングクーポン
一般衣類のクリーニング
5点以上で 20%OFF
1点～4点の場合は10%OFFとなります。
※ワイシャツ・特殊品は除きます。※他の割引との併用はできません。
有効期間 2019年 8月 31日まで
このクーポンを必ずお店にお持ち下さい

【お役立ち情報】

上のメインコンテンツと連動した
【クーポン】

バリューレター・2～3ページ目（中面）

も払うなんて……なんかもったいないよね」と思ってしまうからだ。

割引を小さくすると、反応も小さくなる。だが、本書の目的は、大きな割引で「1回きりのお客様」を集めることではない。「100回客」を集めることだ。だからこそ、「次から定価をお支払いいただくことに、抵抗が生まれない程度の割引」に抑えておく必要がある。

⑧バリューレターの4ページ目（裏面）はこうつくる！

最後に裏面。ここには「あなたのお店が選ばれなければならない理由」を3つほど掲載しよう。

あるいは、自画自賛するのではなく、第三者からすすめてもらうのもおすすめだ。これについては、拙著『1回きりのお客様を「100回客」に育てなさい！』で紹介した「ライクメール」のテクニックを使おう。「お客様の声」や「過去の受賞歴」、「同業他社からの推薦」など、第三者からの評価は自画自賛以上に信用していただきやすい。

また、地図や店舗情報を掲載するのもお忘れなく。笑い話のように聞こえるかもしれないが、「ご予約はお早めに！」とデカデカ書いてあるのに、「電話番号」が記載されていないチラシを

当店のこだわりサービス

こだわりの温水Yシャツ

手間をかけている、当店でのYシャツ洗浄は洗浄前にエリ、シミのある部分をしみ抜き後、徹底した温度管理を行い、55℃の温水で洗浄しております。特に黄変部分に強い効果を発揮し、格別の白さです。のりづけには当店では、天然糊のタピオカ糊を使用しております。天然糊はお肌に優しく通気性がよく、着心地が違います。さらに高温プレスでパリッと仕上がります。

Yシャツ ハンガー仕上げ 150円 税別

工場併設店だからできること

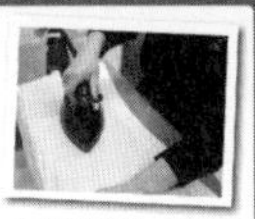

熟練の技術を持ったクリーニング師3名とベテランの従業員が、最新のクリーニング機械を設置した工場併設店（ユニット店）でクリーニングいたします。店舗に常駐しているクリーニング師に、洗い方、仕上げ方法、シミ抜き、家庭での洗濯方法など、お気軽にご相談ください。

クリーニング基本料金　税別価格

ズボン	500円	ジャケット	800円
スカート	500円	ジャンパー	800円
セーター	500円	ハーフコート	1300円
ブラウス	500円	背広上下	1300円

■素材・デザインにより料金は変わります。■付属品は別途料金がかかります。

SHOP INFORMATION

鶴橋駅から千日前通を東に約500m

ぶんちゃんクリーニング 鶴橋店

大阪市東成区玉津2-21-20
☎06-6971-2907
営業時間 平日 朝10:00～夜8:00
日祝 朝10:00～夜7:00
定休日／水曜日

4ページ目（裏面）

見たことがある。「何か意図的な狙いがあるのか?」と勘ぐったが、恐らく単純に忘れただけなのだろう。販促物をあまり作成したことがないお店ほど、このようなミスを犯しやすいので注意が必要だ。場合によっては、最初に店舗情報欄の制作にとりかかろう。

＊＊＊＊＊＊＊＊＊＊＊＊＊＊＊＊＊＊＊＊＊＊＊＊＊＊＊＊＊＊＊＊

さて、ここまでで「バリューレター」の作成方法をお伝えしてきた。ただ、この通りに作る必要はない。私たちがお手伝いしているバリューレターも、「クリーニング業界」と「ガソリンスタンド業界」と「美容院業界」では、少しつくり方が違う。また、同じ業界向けでもお店ごとに多少の違いはある。

ただ、「どうつくるか」も大事だが、それと同じくらい重要なことがある。
それが「どう使うか」だ。これが両立してこそ、高い効果を生むことができる。
次章では、その「使い方」について解説していこう。

5章

バリューレターの使い方

「新・ポスティングシステム」とは？

8 バリューレターの画期的な使い方

さて、いよいよ「バリューレターの使い方」についてご紹介しよう。いくらすばらしいバリューレターをつくっても、この使い方を間違えてしまうと、ほとんどと言っていいほど効果が出ない。


この使い方は画期的だ。

恐らくほとんどの方が、「そんな使い方があったのか」と度肝を抜かれることだろう。

しかも手堅い。短期間でドカンと結果が生まれるわけではないが、続けていただければジワジワと、少しずつだが結果が生まれてくる。

あなたが「手間がかかってもいいので、なるべく経費を抑えて、手堅く売上げを上げたい」と思っているならば、特におすすめの手法だ。

では、ご紹介しよう。このバリューレターの画期的な使い方。

それが……

……

……

【ポスティング】だ。

「なんだ、結局ポスティングか。新しくないし、画期的でもない」

今お読みいただいている読者全員がそう思っていることだろう。だが、そう思うのはまだ早い。今から紹介するポスティングは、今までのそれとは一線を画す。

それが**【新・ポスティングシステム】だ。**

⑧ 今までのポスティングとの違いとは?

ポスティングというと、どのようなイメージをお持ちだろうか?

恐らく多くの方が、「新規オープンや改装、あるいはセールの際に、広い地域にドーンと撒く」というイメージをお持ちだろう。そうやって、広い地域に撒いて、「今すぐ買うお客様」をお店に集める。つまり、当日、あるいは週末の「目先の売上げ」を作るために行なわれるのがポスティングだった。

新・ポスティングシステムは、そうではない。今までのポスティングの概念をすべて捨てて聞いていただきたい。新・ポスティングシステムを一言で簡単に言うと、

【小さく、コツコツ、ポスティングし続ける仕組み】

ということになる。

あなたのお店を中心に「半径500m」。500mがたいへんと思うのであれば、まずは300mでも構わない。そこに繰り返し、繰り返し、ポスティングし続けるのだ。

【同じ家】の【同じポスト】に、【思いをこめて】、【願いをこめて】、【毎月、毎月】、コツコツとポスティングし続けるのである。

だから、1日に大量にドーンと撒く必要はない。1日に100枚、100枚が無理なら50枚、

毎日**【お店の近くから順に遠くに向かい】**撒き続けるのである。１００枚程度のポスティングなら、慣れれば30分から1時間程度で撒き終えることもある。２人で手分けをすれば50枚。もし、協力的なスタッフが多く、５人で手分けできれば1人20枚だ。そうすれば、10分程度で撒き終えることもできるだろう。

ただし、これを**【続けなければ】**ならない。なので、新・ポスティングシステムと銘打っているのだ。これを継続できるように、仕組み化しなければならないのだ。

しかし、この続けることがむずかしい。多くのお店が、ポスティングを片手間で行なってしまう。それだと、新・ポスティングシステムでは、ほとんど効果が生まれない。そこで、続けるための秘策がある。**それが、「ポスティングを業務」にすること**だ。

⑧新・ポスティングシステムを業務に組み込む

この仕組みの成功ポイントのひとつ。

それが、ポスティングを「業務の一環」として組み込んでしまうことだ。

あなたのお店には、朝の開店から閉店までに、いろいろなルーティンがあるだろう。シャッターを開いて、店のまわりを掃除して、レジを開けるなどなど。これをしなければお店が開店できないので、当たり前のように行なっている業務があるはずだ。この業務の中にポスティングを入れ込んでしまうのだ。もちろん、本業に負担があってはならない。そうならない範囲で（極論1日10分でもいい）、業務の中に組み込むのだ。これがどのような結果を生むのか。神戸市のとあるクリーニング店の生データを使いながらご紹介しよう。ポスティングをきっかけに、劇的に業績を回復したクリーニング店である。

8 ポスティングを「業務の一環」にして、売上160%になったクリーニング店『兵庫県・オカモトクリーニング』

兵庫県・神戸市。灘区の水道筋商店街に、「オカモトクリーニング」という小さなクリーニング店がある。日本全国に寂れた商店街が多い中、この商店街は人通りも多く、活気にあふれている。

だが、平成24年。オカモトクリーニングは危機的状況を迎えていた。近隣に大手のクリーニング店が2店舗も新規オープンしたからだ。もともと近くに大きなクリーニング店が1店舗あったのだが、そこにさらに2店舗。つまり、オカモトクリーニングは大きなクリーニング店・

兵庫県・神戸市の『オカモトクリーニング』

3店舗に囲まれる状態になった。この影響は大きく、同店ではお客様がジワジワと減り出した。すると、お店も暗い雰囲気に変わっていく。「今日も暇やな」。そんな状態が続き、年々売上げは減少。ピーク時には3800万円ほどあった売上げは、気がつくと3000万円にまで落ち込んでいた。

同店の代表取締役・岡本征敏氏は、当時を振り返りこう述べる。

「このまま下がり続ければ、スタッフに給料が出せなくなってしまう。自分のことよりも、そこに一番の危機感を感じました」

もちろん、その間も何もせずに待っていたわけではない。既存のお客様に、割り引きDMを送ったり、セールチラシのポスティングをしたりなど、自分なりの対策は行なっていた。ただ、計画的にではなく、思いついたときに年に2~3回ほど。もちろん、反応がなかったわけではないが、危機的状況からは抜け出せない日々が続いた。

そんな中、石井文泉堂の石井氏の噂を聞く。どうやら売上げを伸ばしてくれる印刷屋らしい。相談をしてみると、氏からはこんな指摘を受ける。

「苦しい状態なのに、郵送でDMを送ってどうしますのん！　もったいない。自分でお客様のところに持っていきなはれ。そしたら経費は0円や。ついでに、その周辺にポスティングしてください。とにかく、半径500mの円の中に集中して撒き続けて。計画的に毎月キチンとポスティングをすれば売上げは上がりますよ」

岡本氏は、その言葉を信じてポスティングを開始。もちろん、配布物の内容も、石井氏の指導のもと改善。当時は、まだバリューレターという形に行き着いていなかったので、「ニュースレター」＋「配布メニュー的なチラシ」の2つをポスティングした。

「石井さんが簡単に言うので、『ポスティングって、やってみたら意外に簡単なんだろうなー』

と思ってやってみたら、そんなことはない。けっこうたいへんでした。でも、続けるとコツがわかってくるので、1回目よりは2回目。2回目よりは3回目がグッと簡単になり、時間も速くなります。同じ地域に繰り返しポスティングするというのは、そのメリットも大きいですね」

このポスティングを続けた結果どうなったのか。

まず1年目。下がり続けていた売上げが、3000万円で下げ止まった。同じ地区に、繰り返しポスティングをする。その効果に手応えを感じた岡本氏は、このポスティングを「業務の一環」として捉えて継続した。

すると2年目、**売上げはピーク時の3800万円にまで回復**する。さらにポスティングを続けた結果、**3年目はピーク時を超え、売上げは4600万円にまで激増**。その後も、売上げを伸ばし続けている。次ページの売上推移グラフを見ていただくとわかるが、まさにV字回復と言うより他に表わしようがない。

この成功の要因について、岡本氏は「ポスティングを業務に組み込んだことだ」と語る。

「当店では、ポスティングするのは当たり前。というか、それも毎日の仕事です。7年撒き続けていますが、ポスティングは完全に『仕事の中のルーティン』になっています。なので、面

オカモトクリーニングの売上推移グラフ

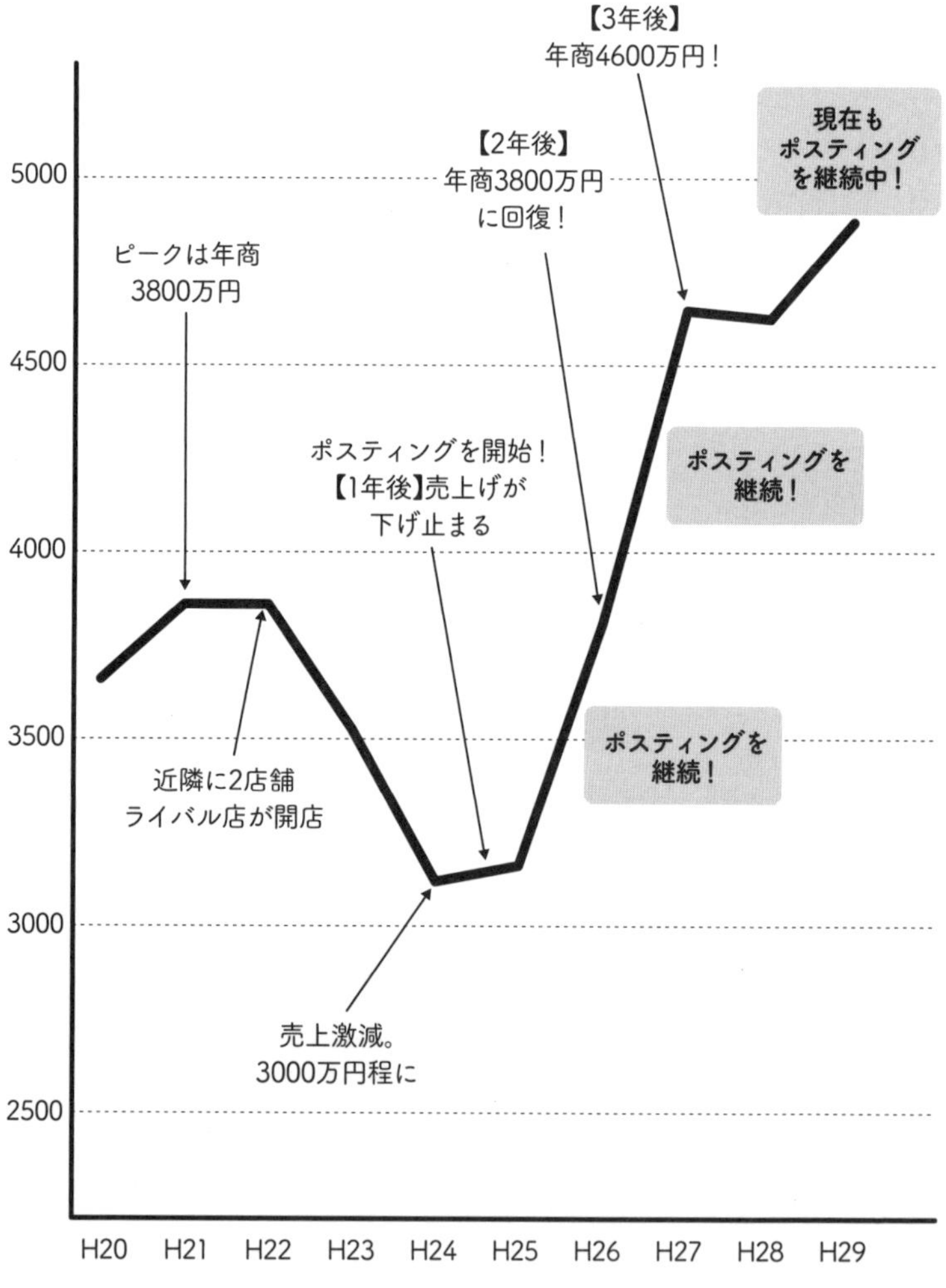

【3年後】
年商4600万円！
現在も
ポスティング
を継続中！
【2年後】
年商3800万円
に回復！
5000
ピークは年商
3800万円
4500
ポスティングを開始！
【1年後】売上げが
下げ止まる
ポスティングを
継続！
4000
3500
ポスティングを
継続！
近隣に2店舗
ライバル店が開店
3000
売上激減。
3000万円程に
2500
H20
H21
H22
H23
H24
H25
H26
H27
H28
H29

倒くさいなどとは思いません。たとえばクリーニング店は、お客様からお洋服をお預かりすると、当たり前のように、洗って、アイロンして、包装してってやりますよね？　それがクリーニング店の仕事ですから。それと同じ感覚で、ポスティングを日々の業務の中に組み込んでいます。そもそもお客様がいなければ、仕事であるクリーニングができないわけです。なので、お店の売上げを守るため、岡本クリーニングのお客様を守るために、アイロンと同じように、当たり前のように業務になっています。大事な仕事だから片手間でするのではなく、業務に組み込むのです。業務だから、面倒くさいなんてありません」

⑧新規客が年間5倍増えているのは、常連客を大事にした結果

このポスティングをはじめる前。新規客は年間200人程度しか増えていなかった。それが、このポスティングをはじめて以降、毎年1000人前後の新規客が増え続けているという。つまり、以前の約5倍だ。

なのに、岡本氏は胸を張って言う。

「このポスティングの一番の目的は、既存のお客様のためです。今、岡本クリーニングを利用してくれているお客様に忘れられないようにするため、つながっておくために、ジャブのように毎月コツコツとポスティングをしています。その結果として、新規客が増え続けているけれ

ども、この考え方の順番は大事だと思う」

ここに重きを置いている岡本氏は、**常連客向けのニュースレターには、あえてお客様の名前を書いてお届けする**。すると、「これ、わざわざ持ってきてくれてるの！」と、お客様からすごく喜ばれるというのだ。

通常、ポスティングというのは新規集客のために行なう。だが、そのためだけに行なうと、反応がないと続かなくなってしまう。しかし、既存のお客様にお届けするためと思ってポスティングを行なえば、新規の反応が悪くても関係がない。だから続けやすい。続くから、新規客も増えてくるのである。

また、休眠客対策にもつながっているという。

「1年、2年以上利用していないお客様も、ＰＯＳデータで集客すると既存客として集計されます。しかし、実際には当店から1～2年以上も離反していた休眠客が当店に戻ってきていただけたということ。これもすごく多いです」

⑧ポスティングで客単価もアップ

ちなみに同店は、このポスティングの継続で客単価アップにも成功している。割引を徐々に減らしていったのだ。最初は30％の割引だったのを25％、20％と徐々に減らしていった。今は10％程度の割引となっている。割引集客が当たり前の同業界において、この割引率10％というのは、とてつもなく低い割引率だ。

割引率を抑えただけではない。2019年2月には価格自体も値上げしている。さらに年会費もいただきはじめた。年間300円。しかし、まったく影響がない。お客様は減らなかったという。これは、同店とそのお客様が、値段ではなく「価値」でお店とつながっている証に他ならない。

現在では、これ以上売上げを伸ばすと、クリーニングが受けきれなくなってしまうので、あまり上がりすぎないようにポスティングを制限している状態だ。それでも、氏に「ポスティングをやめる」という考えはなく、忙しい中でも、制限しながらポスティングは続けている。

その岡本氏に、次のように聞いてみた。

「現在は制限しながらポスティングをされていますが、もし、制限なく売上げを伸ばしてよいとした場合、もっと広い地域にポスティングをしますか?」

するとし氏は、間髪入れずにこう答えた。

「もし、制限なく売上げを伸ばしていいのだったら、迷わず、月に2回・同じ地域にポスティングします。広く浅くよりも、狭く深くのほうが大事ですから」

事実、氏はその考え通りに、同じ家庭の、同じポストに、毎月ポスティングし続けてきた。その結果、業績を激増させたのだ。繰り返し、繰り返し、同じポストに入れ続ける。そのためには、ポスティングを片手間で行なうのではなく、業務の一環として組み込む必要があったのである。


ここで、念を押しておきたい大事なことがある。岡本氏のお店は、ポスティングで業績が回復したので、そのポスティングを業務の一環に組み込んだ**のではない**、ということ。

その逆だ。

ポスティングを業務の一環として組み込んだ結果、業績が激増したのである。

【参考サイト】『オカモトクリーニング』(https://www.okacle.com)

2 バリューレターを使った、新しい「仕組み」

⑧なぜ、「狭い地域」に「繰り返し」撒くことが重要なのか？

では、なぜ「狭い地域」に「繰り返し」撒くのか。答えは明確。近くに住んでいる見込み客ほど、常連客になりやすいからだ。これは、データがハッキリと証明している。

もう一度確認しておこう。新・ポスティングシステムの狙いは、「1回きりのお客様」を100人集めることではない。「100回以上利用していただけるお客様」を、一人でも多く集めることだ。そのためには、近くに住んでいるお客様に、焦点を当てた方が効果的だ。そして、そのようなお客様を集めるためには「価値観」で共鳴していただく必要がある。だから割引ではなく、価値を伝えて集客するのだ。

もちろん、そんな理想的なお客様が、すぐにたくさん集まるわけではない。なぜなら、「今のお店で十分満足」というお客様も多い。しかし、そのようなお客様でも、いずれは必ず、そのお店から浮気したいと思う日が来る。かなりの確率で来るのだ。

だが、残念ながら、あなたには（もちろん私にも）、そのタイミングはわからない。わからないから繰り返し、繰り返し、撒き続けるのだ。そのお客様の来たるべき日に、まずはあなたのお店が「パッ」と頭に思い浮かぶように。

⑧多くのお店が「近くのお客様」を取り損ねている

「いや、うちは遠方からのお客様がほとんどだから」と思っている読者様も多いだろう。もちろん、そんな場合もある。厳密には若干ドーナッツ化している場合も多いし、なぜか遠方のお客様が多いというお店も存在する。

しかし、これを逆に考えると……そのようなお店は「近くのお客様を取り損ねている」だけとも言い換えられる。

お客様は、「ただ、近すぎて、頭に思い浮かばなかった」、「近くにレベルの高いお店があるはずがない」と勝手に思っている。その先入観で、お客様の脳が勝手に選択肢からはずしてしまっていただけなのだ。新・ポスティングシステムは、そこさえも覆す。「近くのお客様ほど、常連客になりやすい」。これはデータが証明している。

あなただって、「近くのお客様に来てほしくない」というわけではないだろう。であれば、ここに焦点を当てない手はない。あなたは、ただ「近くの（しかも常連になりやすい）お客様を取り損ねていただけ」なのだ。そこにぽっかりと穴が空いているとすれば？　そこにこそ、大きな可能性が秘められていると言えよう。

１００歩譲って、あなたのお店が本当に「ドーナッツ型」でしかお客様が来る可能性がないとしよう。その場合、そのドーナッツの中で、一番近いエリアに撒けばよい。あなたの会社が通販会社でない限り、常連客はそれほど遠くには散らばっていないはずだ。

⑧繁盛店でさえ、近くのお客様を取り損ねていた

一方で、繁盛店になればなるほど、あるいは店舗の経歴が長ければ長いほど、「もう近隣のお客様にはほとんど来ていただいているし、それでも当店に来ていない方は、当店を知っている上で来ていないのだから、今後も来ていただける可能性は低い。だから少し遠方にまで商圏を拡げよう」と思ってしまう。

だが、そうではない。どんなに繁盛店であっても、どんなに長いことそこにあるお店であっても、ほぼすべてのお店が、近隣の見込み客を取り損なっている。とある繁盛店の事例から、それを紐解いていこう。

⑧開業25年・移転後12年の繁盛美容院が、さらに近隣客の集客に成功
『愛知県・フィットクラシック』

愛知県・瀬戸市の住宅街に『Fit classic（フィットクラシック）』（以下「フィット」と表記）という美容院がある。開業25年・車で10分ほどの今の場所に移転オープンして12年になる地域密着のお店だ。代表取締役である元山和男氏と二男で店長の元山雅之氏を筆頭に、6人でお店を運営している。

今でこそ、繁盛店となっている同店だが、一時期は不安定な時期も経験している。新規集客をバンバン行なっていたが、お客様が安定せず、売上げの浮き沈みも多かったという。そんな頃、美容院やエステサロンに対して顧客戦略立ち上げの支援をしている（株）ジェイ．ワンが主催する、私のセミナーにお越しいただく。「新規客より既存客」「常連客をえこひいきする」「価値観でお客様を集める」など、その内容に共感いただき、ジェイ．ワンが顧客戦略のお手

愛知県・瀬戸市の美容院『Fit classic』

伝いをすることとなった。

代表取締役の元山和男氏は、当時を振り返りこう語る。

「以前は本当に苦しい時期もありましたが、今では、お店の状況がまったく違う。やはり意識が変わったことが一番大きい。うちは、その意識がスタッフ全員で統一できたのが、ひとつ大きな強みだったと思います」

これに、店長の雅之氏は、こう続けた。

「もちろん、元々お客様を大事にしていたつもりですが、振り返ると、新規集客のほうに一所懸命だったのかもしれません。でも、セミナーに参加して以降、意識がまったく変わりました。既存客を大事にすべく、ニュースレターやランクアップカードをはじめて以降、お客様が定着し、客単価も上がって、売上げも順調に伸ばし続けています」

その結果、今では予約が取りにくい日も多い繁盛店となっている。

さて、ニュースレターを開始されてから約2年後の3月。私の「新しいセミナー」に再び来場された。ジェイ．ワンのクライアントに向けたサロン向けのフォローアップセミナーである。そのセミナーで、本書でお伝えしているような話を、美容院さんたちに初公開した。「このクリーニング店さんたちが行なったことは、今後、美容院でも必要になりますよ」と。

すると、とても行動が速い同店は、すぐに行動することを決断する。

「たしかに、手当たりしだいにビラを撒くよりも、来ていただきやすい周辺にまだチャンスがあるのなら、そこに集中して撒いたほうがいいはずだ！」と考え、「バリューレター」のポスティングも開始した。ただ、ニュースレターはすでに2年間郵送をし続け、確実に成果が出ていた。そこで、「既存客」用のニュースレターはそのまま郵送を続け、別に「新規集客」をメインとしてバリューレターのポスティングをはじめた。

しかし、ただでさえ忙しい繁盛店だ。ポスティングを業務に組み込むことができればいいのだが、あえてお客様の予約をお断りしてまでポスティングはできない。それでは本末転倒だ。空いている時間を見ては、マメにポスティングすることとした。なので、毎月決まった枚数を撒けているわけではない。撒けるときにがんばって撒いてみた。

当初は月間3000枚の配布を目標にしていたが、そんな状況なので、やはりすべては撒きされない、平均すると、月に1300枚前後を撒き続けている感じだという。これは、枚数からすると決して多い数字ではない。いや、通常考えるポスティングの量からすると、少ないと思われる数字だろう。また、私たちが美容院さんにこの新・ポスティングシステムを推奨しはじめてからは、まだ日が浅い。同店もこの取材当時、ポスティングをはじめてから、まだ半年程度の頃だった。

それでも、「確実に手応えを感じている」と述べられる。

なぜなら、ポスティングをきっかけに毎月6人前後の新規が獲得できているからだ。

「たった6人?」と思われるかもしれないが、撒いている枚数は1300枚ほど。**反応率はおよそ0・5%**。ポスティングをしたことがある方ならわかると思うが、ポスティングでの新規集客率0・5%というのはかなり高い数字だ。1万枚撒けば50人前後の新規客が来店する数字

となる。しかも、割引を使わずにこの数字だ

もちろん、大きな割引をつけて、もっと多くの新規客を集めることもできる。だが、新・ポスティングシステムの狙いは「1回きりのお客様」を100人集めることではない。価値観で集客して、少なくても構わないので、「今後100回利用してくれるお客様」を1人でも多く増やすことだ。同店の場合、わずか6人ずつでも、そのようなお客様が積み重なっていくと、1年後には70人を超えるファン客層が、5年後には300人を超える「ファン客層」が定着していることとなる。

これが「1回きりのお客様」ばかりを集めて売上げを作るのとは違うところだ。「1回きりのお客様」ばかりだと、毎月100人を集客できても、5年後にも毎月100人の新規客を集めなければならない。しかも、お客様が累積されないので、売上げは増えない。毎月100人集め続けて「その月の売上げ」を作り続けなければならない（ここからの脱却を本書では繰り返し提案している）。

ただ、同店が手応えを感じているのは、他の部分にもある。それは、**近所のお客様が増えているこ**とだ。

実は、このバリューレターをはじめる前までは、近所のお客様は少なかったという。開店した当時には、近所のお客様が来ていたが、それ以降は、なんとなく減っていき、特に新規客で近所の方が来られている感じはしなかった。

ところが、ポスティングをしはじめると、様子が変わった。

美容院なので、最初にお名前や住所をご記入いただくのだが、明らかに近所のお客様方が多く来られているのだ。同店では、集客サイトも活用しているが、それを見てお越しになるお客様は、遠方のお客様ばかりだという。しかし、バリューレターでは、集客サイトでは来店しなかったような、近所のお客様達が来店する。

これについて、店長の雅之氏はこう推察する。

「以前は、美容院というと、少し離れたところに行きたいという傾向が強かったと思います。それが最近は、近くで通いやすいお店に行きたいという傾向が強まっています。バリューレターでの集客は、そこにマッチしているんだと思います」

驚いたのが、近所の方達の中にもフィットのことを知らなかったお客様が意外に多かったことだ。また、お店があるのは知っていたけれども、美容院とは思っていなかったというお客様も多い。

また、バリューレターをきっかけに来られた新規客は、はっきりとリピート率が高いという。前述したように、同店では集客サイトも活用している。ただ、割引はつけていない。サイト上でも、バリューレターと同じように価値観で集客している。なので、集客サイトから来られたお客様も、おそらく他店に比べるとリピート率は高い。「ただ、それにも増して、バリューレターで来られたお客様は確実にリピート率が高いです。8割以上の方はリピートしていただいています」と雅之店長は胸を張る。だが、胸を張るのも当然だ。通常、初めて利用したお客様が、2回目につながる割合は3割程度だ。それが8割。かなり高いリピート率と言える。

代表取締役の元山和男氏は、この現象について次のように語る。

「『お客様の髪の悩みを解決する』ことを押し出した誌面づくりになっているので、それに共感した近くのお客様がお越しになっている結果だと思います。言い換えれば、当店がターゲットにしている方がキチンと来られているので、リピート率が上がっているのだと思います」

また同氏は、私の取材に対して、最後にこう語られた。

「開店して10年になるので、周辺のお客様は、当然当店のことを知っているだろうと思い込んでいました。しかし、まだこんなに知らないお客様が多いことに驚いています。なので、バリューレターは、『フィットの価値に合うお客様を増やしたい』という当店の考えに合っているし、大きな手応えを感じているので、続けていきたい。今後も、6人が一枚岩となり、地域に密着した運営で、お客様に長く使っていただけるようなお店づくりを大切にしたい」

繁盛店ゆえ、取材時間も「お客様が少なくなる夕方遅い時間」をお願いしたが、それでもお店には常連客があふれていた。今後もその様子は変わりそうもない。

【参考サイト】『Ｆｉｔｃｌａｓｓｉｃ（フィットクラシック）』（http://www.fit-hair.com）

⑧田舎だって都会だって、関係ない

「でも、住宅街の話でしょ？　うちはオフィス街にお店があって、周辺には住んでいる人が少ないから。ポスティングはちょっと無理かな？」と、お感じの方もいるだろう。

だが、そうではない。都会だって（ある意味、都会だからこそ）、このポスティングは効果がある。なぜなら、「住んでいる」見込み客を狙わなくてもいいからだ。オフォス街であれば、住んでいる人は少なくても、近隣にはオフィスがたくさんあるということだ。
あなたが美容院を経営しているのであれば、ターゲットは女性だろう。オフィスには、当然だが女性も働いているので、その女性をターゲットにするのだ。クリーニングであれば、制服をクリーニングに出したり、出勤の行き帰りでワイシャツをクリーニングに出す社員も多い。その社員を狙うのだ。飲食店であれば、ほぼすべての会社が忘年会、歓送迎会をするだろう。日頃から、上司の愚痴を言うために飲み明かす社員も多いだろう。そこを狙うのだ。これはオフィス街に限らず、商店街でも同じことが言える。そのお店で働いている人を狙うのである。

しかも、オフィス街ということは、ひとつのビルにたくさんの会社が入っている。住宅街でいえば、マンションが集まっているようなものだろう。しかも、それが密集している。ポスティングの効率で言えば、これほど効率がよいことはない。

ポスティングというと、住宅街や田舎のほうが効果が高いという先入観がある。だが、そうではない。都会だって田舎だって、関係ない。そこに入れるポストさえあれば、新・ポスティングシステムは（やり方さえ間違えなければ）、効果がある。

3 お店の価値観を、地域に徹底して伝え続ける

狙いは価値観で集客すること

新・ポスティングシステムの狙いは、安さを伝えることではない。価値観を伝えることだ。世の中には、悩みを抱えている人がたくさんいる。「もっとキレイになれないかな」「もっと熟睡したいなあ」「もっと洗車を楽にしたいなあ」――。あなたのお店を心底必要としている見込み客が、お店のすぐ近くに存在している。このお客様が気にしているのは価格ではない。私の悩みを、本当に解決してくれるかどうかだ。そのためには、価値を伝える。一度だけでは信用していただけない。ましてや、知らない人の話は信じない。だから、あなたのお店の人を知っていただきながら、価値観を伝え続けるのだ。

価値を伝え続けて、売上136%アップのガソリンスタンド

福岡県の中心部から少し離れた郊外に、1軒のガソリンスタンドがある。本来であれば実名

でご紹介したいところだが、「あまりにもポスティングの効果があり、近隣のライバル店に真似されると困る」というご意向から、実名を控えての掲載ならばということで許可をいただくことができた。それほど興味深い事例となっているので、ご紹介しよう。

今後、自動車業界ではガソリンの給油量が減っていくことは、ほぼ予測がついている。「EV自動車の普及」「人口減少」「若者の車離れ」「団塊世代の免許返納」など。理由をあげればきりがない。なので、商売を続けていこうと思えば、ガソリン以外の商品も売っていかなければならない。だが、多くのガソリンスタンドでは、なかなか打開策が見い出せず、今まで通りの売り方を続けているようにも見える。

しかし、同店は違った。将来を見据え、洗車台数やその他の商品の売上げを増やそうと懸命だった。

だが当時、同店では洗車台数が頭打ちだった。洗車がお得にできる「プリペイドカード」の紹介をしたり、無料のお試しクーポンを配布したりはしていた。それでも、給油に来られている客数に対しては、洗車をしていただけるお客様の数が少なく、その上、単価も低い状態のままだった。

⑧価値を伝え続けた結果

「何か変えなくてはいけない」。そう考えた結果、洗車機メーカー・ビユーテーの最新鋭洗車機に入れ替えるとともに、同社が提供する「バリューレター」を活用。（※ビユーテーや同店では「ニュースレター」と呼んでいるが、本誌では「バリューレター」に統一して表記）バリューレターでは主に価値を伝え続けた。

「当店の洗車機が安心なこと」「ディーラーコーティングをしていても、その上にコーティングが必要なこと」「洗車機のほうが、自分で洗うよりもお得なこと」など。話を変えて、角度を変えて、繰り返し伝え続けた。毎月店頭で3000枚を配布。さらに毎月7000枚を地域にポスティングした。

——その結果、どうなったのか。

1年後には洗車の売上げが136％アップ。さらにその後も洗車台数を増やし続け、2016年度は年間7017台だった洗車台数が、2018年度には年間9951台と1万台に迫る数字を叩き出した。つまり、2年前と比べて、140％以上に台数を増やしているのだ。さらに2019年度はそれに勝るペースで洗車台数が増えている。

同店の店長は、こう述べる。
「以前は、給油に来ていたお客様が、ついでに洗車をしている感じでした。でも、今は来店されるお客様がまったく変わって、新規のお客様がたいへん多い状況です。さらに、洗車をしたお客様が給油もして帰るので、そちらの売上げにもつながっています」

もちろん、洗車機が新しくなったことの影響は大きい。ただ、同時に「同店の洗車機が安心なこと」を伝えたことが相乗効果を生み出している。なぜなら、洗車機が新しくなっても、それをPRして伝えなければ、地域住民にはわからないからだ。洗車機が新しくなったうえに、そこに「同店の洗車機が安心なこと」を伝えることによって、「あ、最新の洗車機は安心なんだ！」と説得力が増したのである。

当然だが、洗車機を利用していないお客様は、値段だけを気にしているわけではない。それ以前に、大切な車を洗車機に通すのが不安だったりする。不安だから、自分で手洗いをしてしまう。その一方で、「キズつかない洗車機がそろそろ出ていいはずなのに」と期待している。実態は、すでに世の多くの洗車機が安心なのに、それを知らないだけなのである。だから同店では、最新の洗車機を導入するとともに、それを伝え続けた。

特筆すべきは、洗車機を入れ替えて2年目以降も、台数を増やし続けていることだ。これは、継続してバリューレターを撒き続けているからに他ならない。通常、洗車機を入れ替えても、地域にＰＲするのは、そのときだけで終わることが多い。しかし、同店では2年以上ポスティングを続けている。2年以上も「当店の洗車機が安心な理由」を伝え続けていると、その地域においては「あのお店の洗車機だけがキズつかない」と思われるようになる。仮に、他店が同じように安心な洗車機を導入しているとしても、である。

なぜなら、他店は価値を伝えず、価格だけをＰＲしているからだ。お客様は「洗車機なんて、どこのお店も変わらない」とは**思っていない**。だからこそ、同店には今でも、「ずっとここの洗車機が気になっていた」といって浮気してくるお客様が多い。

店長は、これについて、次のように実感している。

「ポスティングをはじめて7回目くらいから反応がよくなってきました。逆に、続けていなかったら来ていないお客様が結構いらっしゃると思います。その証拠にバリューレターを見てお越しになったお客様から、『これ、ずーっと入っていたよね？』『いつも入っていたから気になっていたんだけど、思いきってやってみたよ。この洗車機はすごいね！』というお客様がすごく多いんです。今まではこんなことはなかった。このようなお客様は1回ポスティングしただけでは、忘れられておそらく来られていなかったと思います。やはり、お客様にもタイミングがあるし、たとえば他店さんのプリペイドカードを持っていれば、それを使い切るまでは浮気しにくいと思います。他にも、「たまたま汚れ落ちが悪かった」などの、タイミングもあると思います。でも、お店からはそのタイミングがわかりません。なので、繰り返し撒き続けると、タイミングも合いやすくなるし、記憶に定着して忘れられなくなります。

実は、お店のすぐ裏の方も来てくれたんですが、逆に「今まで来ていなかったのか！」と驚きました。でも、すぐ裏の方でさえ、伝え続けなければ洗車に来ていただけなかったわけですから、続けることがすごく大事だと感じています」

⑧価値観を伝え、客単価もアップ！

それだけではない。洗車メニューも高いものを選んでいただけるようになった。これは、バリューレターの中で「コーティングの重要性」も伝えているからだ。それまで一番高かったコースは1000円だった。それを1800円に価格改定した。価格改定した当初は、「何で同じ内容でこんなに上がるの？」というご意見も多かった。ただ、洗車機が変わって、内容がよくなったことを伝えて納得いただいた。やはり、洗車機が新しくなったというのは説得力がある。もちろん、実際に今まで以上に車に優しく、洗い残しなくキレイに洗えるようになっている。

それでも、「2倍も払うんだったらよそのお店に行ってみよう」というお客様が出てきても不思議ではない。だが、同店ではそうはならなかった。お客様が減るどころか、増えているのである。店長は「ここがバリューレターの効果だと思う」と言う。

「バリューレターで『洗車機が安心なこと』『コーティングの重要性』などを繰り返し伝えているので、『よそのお店が安くても、キズついたらたまったもんじゃない』と思い、当店を安心して使い続けていただけたのだと思います。もちろん、それだけ優れた性能を持っている洗車機を導入したからこそ、自信を持って伝えることができたのですが、伝え続けていることが、その後押しをしてくれたのは間違いありません」

⑧新規客からの紹介も増えた

さらに、紹介も増えた。価値観に共鳴して来ていただき、納得していただけると、人に話したくなる。常連さんも口コミしてくれるが、それ以上に新規客が口コミしてくれているそうだ。やはり、初めて洗車機を利用して感動したからこそ、人に話したくなるのだろう。しかし、お客様は洗車機の性能のことはくわしくない。だから、普通であれば洗車機の紹介の仕方がわからない。それを、同店ではバリューレターが後押しする。

「●●●●で●●●だから、あそのこの洗車機は安心らしいよ」

これは同店が、お客様が人に話したくなるような、わかりやすく・親しみがもてる文章を、バリューレターで届け続けているからに他ならない。

⑧ セルフスタンドなのに、お客様とのコミュニケーションアップ

――ここで質問。あなたが、「セルフ」のガソリンスタンドに通っているとしよう。そのセルフスタンドのスタッフのことを覚えているだろうか？　恐らく、多くの方が覚えていないはずだ。なぜなら、ほぼ会話もないし、というよりも、自分で給油するので、スタッフとの接触さえないと言ったほうがいいかもしれない。そんなお店でスタッフとお客様のコミュニケーションが深まるなんて、なかなか難しいことだろう。

さて、説明が抜けていたが、同店は「セルフ」のガソリンスタンドである。その同店が「お客様との会話がすごく増えています」と喜んでいるのだ。要因は2つある。

一つ目は、バリューレターの中で「スタッフを紹介していること」。

二つ目は、「ポスティングをし続けている姿に共感されたこと」である。

とはいうものの、スタッフ達は「当初、少し嫌がっていた」と言う。バリューレターに写真付きで自己紹介するのは何となく恥ずかしいし、ポスティングがたいへんなことにも少し抵抗があったようだ。

——ところが。続けていると、お客様から話しかけていただく機会が増えた。

「あんた、ソフトクリーム好きなんやろ」「あのそば屋はどこにあると?」「きみ、長崎出身だったよね! 俺もなんよ!」「あれ見るの、毎回楽しみにしてるよ」など、それまではまったく会話もしたことがないお客様から話しかけられるようになったそうだ。

なぜ、このような効果が生まれてくるのか?

それは、「知らないスタッフ」が「知っているスタッフ」に変わってくるからである。知っているスタッフになると、お客様のほうから親しみを持っていただける。親しみを持っていただければお互いに話もしやすくなってくる。

当初はスタッフ紹介掲載に少し抵抗があったスタッフも、お客様から話しかけていただく機会が増えたり、こちらから話しかけたときの、お客様の反応がよかったりすると、コミュニケーションがとりやすくなる。その会話をきっかけに自然と売上げにもつながっていった。売上実績も上がって行くにつれて、スタッフ達も「これ、なんかいいよね」という感じに変わり、嫌がらなくなったそうだ。

また、店長は「ポスティングをしている行為自体に効果がある」と言う。なぜなら「一所懸命配っている姿を見たからお店に来てみたよ」というお客様も多くいらっしゃるからだ。店長は、こう続ける。

「一所懸命配っている姿は、お客様の心も打つんでしょうね。ポスティングは、今の時代とは逆行して、手間がかかります。だからこそ、来ていただいたお客様は『コアなファン』になっていただけるようです。価値に共感していただいているので、最初から『これもできるの？　え、これも？　じゃあ、車検もお願い』となるお客様が多いのです」

余談だが、差し入れを持ってきてくれるお客様も増えたそうだ。「ジャガイモを箱いっぱい」「たけのこ30本」「ネギトロ巻き」や「明太子」など。「このお店は他店と比べて、差し入れをいただける数が異常に多いんですよ」とニコニコしながら述べられた。もう一度念を押そう。同店は「セルフ」のガソリンスタンドである。

最後に、店長に今後について聞いてみた。

「配るたびに新しいお客様が来るので、とにかくポスティングを継続したいです。その中で、バリューレターにもっとお店のカラーを出していければと思います。今は、こちらからの一方通行なので、お客様からアンケートをとって、さらなるニーズにお応えするとか、双方向にしたいと考えています」

お客様との双方向にしたい。これは、同店が「お客様との絆」を本当に重要に感じている証でもある。それを聞いて、双方向型バリューレターの提案を差し上げると、その場で採用を決断され、実際に行動された。この決断と行動の速さも、同店の強みでもある。同店の快進撃は、まだ止まりそうもない。

4 「100回客」を集めた後は……？

8 新規客を「固定客」にする方法

さらに、価値観で新規集客したら、「それで終わり」ではない。それは、私の顧客戦略上の「第1ステップ」だ。「新規のお客様を集める」という入口に過ぎない。

価値観が合うお客様であっても、放っておいたのでは、2回目にはつながりにくい。

なぜなら、そのお客様は、「まだ、新しいお店を探している」途中だからだ。あなたのお店もよかったが、「まだ他にもいい店があるかもしれない。せっかく、今までのお店から浮気したんだから、いろいろなお店を試してみよう」と、潜在意識で思っている。

しかし、このお客様を、あなたのお店の「固定客」にする必要がある。これは、私の顧客戦略上では「第2ステップ・お客様を固定客にする」に位置する。

固定客化のためには、集めた新規客に「短期間で3回」利用してもらう必要がある。

初めて利用いただいたお客様の「3ヶ月間」比較

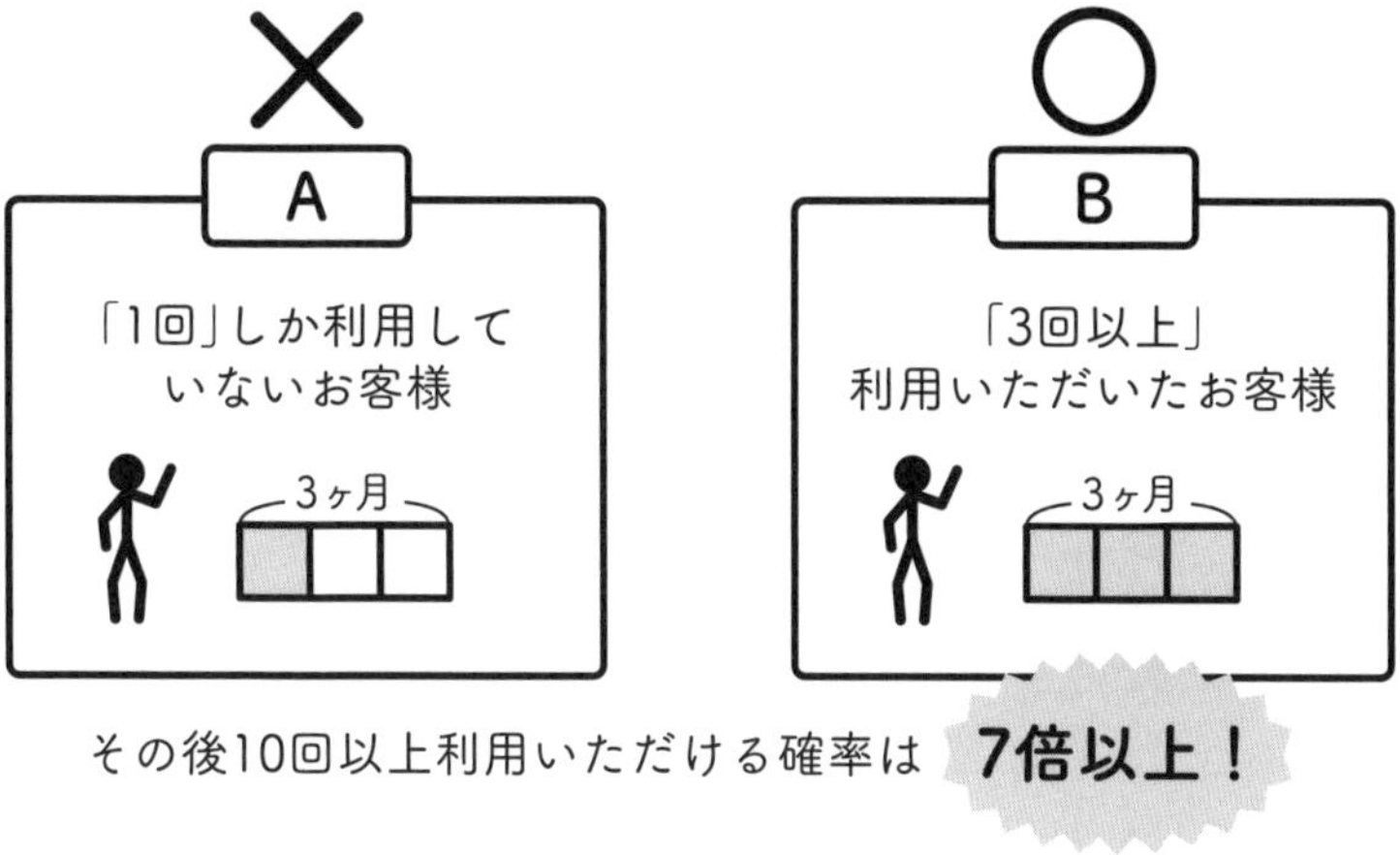

なぜなら、私の顧客戦略においては、【「初めて利用したお客様が、3ヶ月以内に3回利用する」と、その後「2年以内に10回以上利用いただける割合」が7倍以上引き上がる】というデータが取れているからだ。

そのために、「サンキューメール」「ライクメール」「ラブメール」という三つのダイレクトメールの活用を提唱している。

事実、これを実践しているクリーニング店では、再来店率を

- **サンキューメールで50%**
- **ライクメールで60%**
- **ラブメールで70%**

にまで高めることができている。（※「第2ステップ・お客様を固定客にする」や「サンキューメール・ライクメール・ラブメール」に

関しては、拙著・『「1回きりのお客様」を「100回客」に育てなさい！』（同文舘出版）参照）

固定客を「常連客」にする方法

ただ、3回利用してもらったからといって、そこで安心してはならない。

3回ぐらいでは、まだお店の常連客とは言えないからだ。10回、20回と利用していただく必要がある。

そこで、3回利用してもらったお客様を、**【第3ステップ・お客様を成長させる】**を使って、常連客にまで引き上げる。常連客になればなるほど、得をする。常連客になればなるほど手厚いサービスを受けられる。そのような「ランクアップシステム」という仕組みを作り、お客様に回数を重ねて利用いただくのだ。

（※「第3ステップ・お客様を成長させる」や、ランクアップシステムに関しては、拙著・『お客様は「えこひいき」しなさい！』（KADOKAWA）参照）

常連客を「維持」する方法

もちろん、お客様が常連客に成長したからといって気を抜いてはならない。一番重要なのが、**【第4ステップ・お客様を維持すること】**だ。そのためには、こちらから、常にお客様を気にして差し上げる必要がある。だが、心の中で気にして差し上げるだけでは、お客様には伝わらない。また、お店の中でだけ、一所懸命気にかけても（大事なことではあるが）、お客様へのインパクトは小さい。お客様が感動するのは、お客様がお店からお帰りになった後、お客様がお店にいないときにも、気にかけて差し上げることだ。それがわかるように、気にかけている気持ちをお客様にお届けするために活用するのがニュースレターだ。

（※「第4ステップ・お客様を維持する方法」や「ニュースレター」に関しては、拙著・『お客様が「減らない」店のつくり方』（同文舘出版）参照）

⑧売上げが上がり続ける仕組み

このように、ただ、ポスティングで新規客を増やすだけではなく、

第1ステップ で、新規客を集めて

← 第2ステップ で、お客様を固定客にし

← 第3ステップ で、お客様を常連客に成長させ

第4ステップで、そのお客様をしっかりと維持する

この4つのステップがぐるぐる回った結果、これを徹底して行なっているお店では、2年目から売上げが上がり続けるお店が続出する。売上全体比150％を超えているお店も少なくないのである。

本書は、第1ステップに重きを置いた本であるため、第2～4ステップの説明は過去の著作に任せるが、ただ、新規客を集めた後は、育てて・維持することも忘れずに、必ず徹底していただきたい。

なかでも、第4ステップの「お客様の維持」は、本来・新規集客以上に大事だということを、忘れてはならない。

最終章

さあ、
100回客を
集めよう！

100

以上、『最初から「100回客」を集める方法』を、ページの許す限りご紹介した。

数ヶ月に一度だが、私の自宅にポスティングをし続けている美容院がある。

ここでは、仮に「A美容院」としておこう。今でもはっきりと覚えているが、当初はA6サイズの小さなチラシだった。地図どころか、電話番号さえ載っていない。「このチラシを見て、行く人っているのかな?」と思わざるを得ない、そんな感じのチラシだった。ただ、定期的にポストに入り続けていた。

そのチラシが数回ほどポスティングされて、しばらくしたある日のこと。

家族で、いつものスーパーに向かっている途中、車で信号待ちをしていると、とあるお店のロゴに気づいた。「A美容院」の看板である。

決して新しい美容院ではないが、小綺麗にしていて清潔感はある。いや、チラシから伝わるイメージとは違い、少しオシャレな感じさえする。「へー、ちゃんとした感じの美容院なんだ」、そのときの私は、そう思った。

しかし、いつものスーパーの通り道である。今まで、何十回、何百回と、この道を通っているのに、ここに美容院があることさえ気づいていなかった。私だけではなく、妻も同様だった。

「あのチラシの美容院、こんなところにあったんだ。気づかなかったね」なんて話にもなった。

ただ、「飛び抜けてオシャレ」というお店ではない。そもそも、肝心のカットの腕がうまいのか、どんなスタイリストがいるのかさえわからない。なので、妻が「この美容院に行ってみようかな？」という話にまでは至らなかった。

それでも、ひとつだけはっきり言えることがある。

それは、私達はここにA美容院があるという**事実を初めて認識した**のだ。

繰り返す。今まで、何十回、何百回と、この道を通っていたにもかかわらず、だ。

これは、少なからず、あのポスティングチラシの影響であることは間違いない。

しかし、そのA美容院。残念ながら、あまり繁盛しているようには見えなかった。その後も、何度もお店の前を通ったが、「おっ！　すごく混み合っているな」という状態を、目にすることはなかった。どちらかというと、「いつもガラガラ」という状態に見えたが、その後もA美容院からは定期的に、チラシがポスティングされてきた。

繰り返し繰り返し。何度も何度も。

——時は流れ。その店のチラシがわが家に入り始めて数年。

現在、そのA美容院は、**いつもお客様であふれている**。大繁盛とまではいかないまでも、あきらかに、お客様の数が増えているのだ。通りかかったときに、お店をのぞくと、「わっ！今日も満席っぽい！」という状態を目にすることが増えている。

なぜ、このような結果が生まれたのか？　理由は簡単だ。他の美容院からは、チラシなんて、ポスティングされてこないからである。

わが家は福岡市の住宅街にある。近所には星の数ほど、美容院や理容院が乱立している。では、この3年間で、いったい何店舗の美容院が、チラシをポスティングしてきただろうか？実態は、わずか4店舗。そう、ビックリするくらい、ポスティングされてこない。いや、それで美容院が繁盛しているのなら別に構わない。でも、私が見る限りでは、多くのお店が、割と暇そうにしている。

しかも、そのポスティングされてきた4店舗のうち、2回以上、ポスティングしてきたのは1店舗だけ。——そう。「A美容院」だけなのだ。

「ポスティングなら、したことがある」というお店でも、ほとんどはその1回きりで終わりだ。

いくら立派なチラシを作ろうが、それが1回だけでは、お客様の記憶には残らない。そもそも、目にも止まっていない可能性のほうが高いくらいだ。

しかし、たとえA美容院のような「ヘタなチラシ」（失礼！）でも、何もやっていないお店より、集客できるのは当たり前の話だ。


しかも、繰り返しチラシを作成しているうちに、内容もよくなっている。当初は掲載されていなかった「地図」や「電話番号」が、今では掲載されているし、当初は「白黒」だったのが、今では「カラー」になっている。途中からは、モデルさんの写真も掲載されはじめ、最近では、電話番号が赤字で太く・大きく記載されている。サイズも大きくなるかもしれない。残念ながら、そのうち裏面も使いはじめるかもしれない。

すべてが、最初からうまくいくなんてことはない。しかし、「小さな販促の繰り返し」と「小さな改善の繰り返し」が、数年後「束」になって結果を生んだのである。

集客って、そういうことなんだろうと、私は思う。


「いやいや、それは高田さんの家がたまたまですよ。私の家なんて、ポスティングの量がすごくて、美容院からもたくさんポスティングされてきますよ」と思っているかもしれない。そんなあなたは、ぜひ明日から、家にポスティングされたチラシを保管してみてほしい。そして、1ヶ月後に、業種ごとにチラシを分別してみてほしい。

もちろん、地域によって差はあるとは思うが、たぶん、チラシが一番多いのが「宅配ピザ」。2番目が「宅配寿司」などであることがわかるはずだ。最近では、リフォームや学習塾のチラシが増えてきているものの、圧倒的に、宅配系のチラシが多い。

そして恐らく、美容院からのポスティングはないに等しいだろう。居酒屋やレストランなど、宅配しない飲食店からもゼロ、という状態のご家庭がほとんどではないだろうか？

では、なんで宅配ピザなどは、頻繁にポスティングしてくるのだろう？

そう。気づいてもらうためだ。思い出してもらうためである。お客様が「今日の晩ご飯、何にしようかなー」「今日の夜はピザでもいいかも」「今度の週末は宅配寿司でも利用してみようかしら」と思ったときに、まずはパッとそのお店が思い浮かぶように、頻繁にポスティングをしているのである。でも、これって、宅配をしていなくても……あなたのお店でも、大事なことのはずだ。

多くのお店が「集客サイトやフリーペーパーに掲載しても、今はたくさんのお店が載りすぎていて、反応が薄くなったよー」なんて嘆いている。そう嘆いているのに、確実にお客様の目に止まる「ポスティング」は行なっていない。

——繰り返す。

3年間で、わが家にポスティングされてきたチラシは「美容院で4件」、「宅配を除く飲食店では0件」。

つまり、インターネットの「逆」状態だ。ポストの中は、美容院や飲食店業界に限って言うと、**あなたのお店の「独擅場」**なのである。しかも、ポストに入っているチラシは見るしかない。捨てるとしても、見て捨てるのである。「この美容院から、また入っているよ」と思われてから、捨てられるのだ。でも、「この美容院から、また入っているよ」って、何が起こっているのだろう?

——そう。お客様の【記憶に焼き付いている】のである。

そして、その【お客様の記憶に焼き付くほどのポスティング】を繰り返したA美容院は、いま繁盛しているのである。「ヘタなチラシ」にもかかわらず、だ。

さて、あなたは今年（いや、今までに）、ポスティングを何回行なっただろうか?

＊＊＊＊＊＊＊＊＊＊＊＊＊＊＊＊＊＊＊＊＊＊＊＊＊＊＊＊＊

今回の「バリューレター」という新提案は、単純に「ニュースレター」と「配布メニュー」を合わせたツールをポスティングしよう！……という話ではない。私たちが過去20年、訴え続けてきた「既存のお客様との関係を深める・信頼を高める」というニュースレターの活用方法を、「まだ見ぬ見込み客に対しても実行し、先に関係を深めておく・信頼を高めておく」ことの重要性を説いた、まったく新しい提案である。

ネットでの集客が主流になりつつある現代において、もしかすると本書の内容は、「あまりにもアナログだ」と思われたかもしれない。ただ、本書でも何度か述べたが、私はネット集客を否定しているわけではない。そもそも、私は元コンピュータ屋である。平均よりはネットに長けているほうだと思うし、私自身もネットで集客をしている。当社のクライアントにも、ネットでの集客は、疎かにしないように伝えている。今、日本人のほとんどが、スマホを手にしている。そこで広告を目にしたり、検索をしているのだから、そこにアプローチをしない手はない。そう考えるのは普通のことであろう。

——ただし、だ。

たしかに、日本人のほとんどはスマホを手にしている。だが、スマホを手にしているからとはいえ、あなたから発した広告が、そのスマホに確実に届くわけではない。しかし、家庭のポストに入れた「バリューレター」は、確実に相手に届く。捨てられることはあるかもしれないが、それでも必ず目には入るのだ。これを、日本人すべてを対象にしようと言ってるのではない。あなたのお店を中心に、半径500mは常連様が生まれやすい。その地域においては、バリューレターをポスティングし続けていただきたいのだ。

あなたのライバル店は、ネットを使っての集客に一所懸命かもしれない。少しでも上位に表示させようと経費を使い、他店よりもお得なクーポンを付けて、まずは一度でもいいから当店を利用してもらおうと、必死だと思う。

あなたが亀の歩みで、毎月コツコツとポスティングをしていると、ネットの集客においてはライバル店がウサギのように、先を走っているように見えるかもしれない。そんな姿に、あなたは多少なりとも不安を感じることだろう。

だが、あなたが勝負しているのは、ネットでの集客ではないはずだ。あなたのお店は地域密着のお店で、その地域のお客様に愛され、信頼され、何よりも喜ばれ、長い経営をしていきたいはずだ。であれば、ネットの集客でライバル店よりも後ろを走ろうと不安がる必要はない。

ライバル店がネットで先を走っている間に、あなたは確実に、地域住民との関係を深め、信頼度を高めているのである。そのために、あなたのお店を中心に半径５００ｍ。あなたの「お店」のことを、あなたのお店の「人」のことを、あなたのお店の「思い・こだわり・うんちく」を、地域の方に伝え続けていくのだ。

本書の内容を表面だけで捉えると、ポスティングのことを語り続けたように思えるかもしれない。だがそうではない。本書はインターネット社会の隙をついた、まったく新しい提案をしているのである。多くのお店が、インターネットや集客サイトの「検索」で選ばれようと一所懸命だ。「インターネットには無限の世界が広がっている」――よく言われるこの言葉に嘘はないが、検索の世界に限って言えば、１ページ目に入ってこなければ、あなたのお店は選ばれようがない。２ページ目、３ページ目に表示されても、ほとんど効果はないのである。一昔前であれば、そこにそれほどのコストはかからなかった。だが、現代は違う。検索で上位に上がるのに、多大なコストと努力を必要とする。つまり、大きな資本を持っている企業ほど、ネット社会では有利に集客ができるのだ。

さらには、インターネットでは、検索している人しか、集客の対象にはならない。あなたのお店の周辺の見込み客が、毎日インターネットで「福岡市　美容院」などと検索しているだろうか？　まずしていない（しているのは同業者か、あなたのお店に何かを売りたい販売業者だ）。つまり、ネットだけでの集客は、検索していない見込み客全員が集客対象からはずれてしまっているのだ。

――本書の提案は、その「真逆」をつく。

検索していようがしていなかろうが、見込み客がお店を探しはじめると、まずはその見込み客の「脳」に最初に思い浮かぶ。まずは「あなたのお店を思い出す」。あなたのお店を思い出し、選ばなかった見込み客だけがインターネットで他のお店を探す。そう、あなたのお店がインターネットの前に「仁王立ちしている」状態をつくり上げるのである。

この状態を、ファン客層が生まれやすい、半径500メートル以内の地域だけでも（ライバル店がネット集客に目がくらんでいる間に）、先に構築してしまおうという、新しくかつ画期的な提案なのだ。商売に長けていて、地域密着を重要視しているあなたであれば、この私の提案の圧倒的優位さに、お気づきいただいていることであろう。

本書の内容は、決して「楽して儲かろう」というものではない。どちらかというと、面倒でたいへんだ。しかし、だからこそ手堅い。だからこそ、多くのお店が真似しない。私も、すべての読者に真似をしてもらおうとは思わない。ただ、私たちのこの考えに共感し、「100回客であふれるお店をつくりたい」と考えるあなたには、ぜひ行動していただきたい。

あなたのお店は、間違いなくすばらしい。すばらしいスタッフ、すばらしい商品、すばらしい技術、すばらしい接客、すばらしいお店で、お客様の心を満たすことができる。そんなあなたのお店と、すでに出会うことができているお客様は、とても幸せであるとも言える。

そんなすばらしいあなたのお店を、まだまだ、たくさんのお客様が必要としている。しかも、あなたのお店の近くで、あなたのことを、あなたの価値を、あなたのお店の価値観を求めているのだ。

――ところが、残念ながら、その肝心のあなたのお店に出会えていない。だから、悩んでいる。「もっとキレイになりたい」「もっと快適に過ごしたい」「もっと人生を豊かにしたい」と、頭を抱えて悩んでいるのだ。これは、そのお客様にとって（そして、あなたのお店にとっても）、不幸なことだ。

あなたは、このお客様を救わなければならない。このお客様と出会う責任があるのだ。このお客様は、安さを求めているわけではない。あなたが持っている「価値」を求めているお客様だ。そのお客様に、「あなたのお店の存在」を、「あなたのお店の価値観」を伝える責任がある

のだ。そのために……、

――さあ、100回客を集めよう！

すばらしいあなたのお店に、残念ながらまだ出会えていない、【将来のファン客層】と、出会うために。

おわりに

以前のことですが、とあるデジタルマーケティングセミナーの講師としてお呼びいただきました。ネット業界の著名な講師が集められた中で、私のようなものが、なぜ呼ばれたのか不思議でしたが、「実店舗における集客の現状」という観点から話せる講師として、私に白羽の矢が立ったようです。

そこでは、いくつもの会場で、デジタルマーケティングに優れた講師陣が、講演やパネルセッションを行なっていました。私も講師の皆さんと、集客について語り合ったり、受講者として多くのセッションを聞いたりもし、「なるほど、インターネットの世界では、このような集客をすればよいのか」と、たいへん参考になりました。


しかし、その一方で、ひとつだけ、気になることがありました。

それは、多くの講師が、講演やセッションにおいて「お客様」という言葉を**使わなかったこ**とです。

「こうすることで、コンバージョン率が10％アップしました」

「この手法で、ＣＰＯが５％改善されました」

と、数字を上げるための、テクニカルな話が中心で、それはまるで、相手にしているのはお客様ではなく、「パソコンの画面上に表示される数字」であるような気がして、なんとかく居心地が悪かったのです。

もちろんこれは、インターネット通販を中心とした、デジタルマーケティングセミナーだったからかもしれません。

――それでも思うことがあります。

通販であれ、何であれ、購入しているのはお客様のはずです。

もちろん、実店舗であっても、コンバージョン率やCPOなどの数値はたしかに重要で、私もそれについては過去の本でも触れています。しかし、その主語には、必ず「お客様」があり、その数字の向こうには、お客様の存在があることを忘れたことはありません。

ネット通販であっても、同じだと思うのです。

「ホームページ上の、ボタン配置を改善するとコンバージョンが10%上がりました」。しかし、その背景にあるのは、お客様が頭を抱え、「もっとキレイになりたいな」「もっとおいしいものが食べたいな」「この商品は、本当に間違いないんだろうか」と悩んだ末に、思い切って購入ボタンを押したはずです。つまり、「ボタン配置を変えた➡コンバージョンが10%上がった」

のではなく、「ボタン配置を変えた↓お客様に多く購入いただけた↓その結果、コンバージョン率が10%上がった」はずなのです。

「そんなことは当然の話だ。コンバージョン率が上がったのは、購入したお客様が増えた結果であり、いちいちそんなことを説明する必要はない」と、反論されるかもしれません。だからといって、講演やセッションの中から「お客様」という単語が抜け落ちている事実に、私は少し違和感を覚えたのです。

だって、インターネットの世界であっても、お客様を少しでも意識しているのであれば、テクニカルの話だけではなく、

・購入いただいたお客様に、どのようにして感謝を伝えるのか。
・そのお客様と、今後どのように信頼関係を築いていくのか。
・そのお客様を今後、いかに気にして差し上げられるのか。

といったような、「お客様」に直接フォーカスがあたった話が、少しはあってもいいものだと思ったのです。

逆に言えば、そのような話があれば、「お客様」という単語は抜け落ちないはずなのですが……残念ながら、その日、「お客様」という言葉は（私が受けた講演やセッションに限っては）、

あまり聞くことができませんでした。

さて、本書の読者の多くは、実際にお店をお持ちの経営者だと思います。その実店舗にも、近年ではインターネット集客の波が押し寄せてきているのは間違いありません。

だからこそ、今の話を心に刻んでおいてほしいのです。あなたが相手にしているのは、パソコンの画面上の数字ではないということを。その数字の裏には、必ずお客様が介在していて、あなたのお店を選ぶ際には、30分、1時間、いや、もしかするとそれ以上に、悩んで悩んで、悩み続けた上で、思い切って「え〜いっ！」と、予約ボタンを押している「お客様」が存在しているということを。

そして、ネット通販とは違い、あなたのお店は、そのようなお客様がお店に来店していただけます。じかに、お会いしてお話できるチャンスがあるのです。その際に、

・しっかりと、当店をお選びいただいた感謝を示すこと
・その後は、売りっぱなしではなく、そのお客様のことを気にかけて差し上げること
・「売ることだけに一所懸命」ではなく、「売った後も一所懸命」であること

地域密着のお店だからこそ、仮にネットで集客をはじめても、この点だけは忘れずに、お客

様を大事にし続けていただきたいのです。その結果として、そのようなお客様が「100回客」となっていただけるのだと、私はそう信じています。

＊＊＊＊＊＊＊＊＊＊＊＊＊＊＊＊＊＊＊＊＊＊＊＊＊＊＊＊＊＊＊

さて、本書が6冊目の著作となりました。

今回も、多くの方にご協力いただき、本書を書き上げることができました。その全員の名前を記載することはできませんが、一部の方のみ、誌面をお借りしてお礼を述べさせてください。

まずは、今回も出版にお声がけいただいた同文舘出版様とビジネス書編集部の古市部長に深く感謝いたします。いつもながら、私のような素人の文章をチェックするのはたいへんなご苦労があったことと思います。御社からの出版は、これで4冊目となりますが、いつもながら丁寧な書籍づくりに対して頭が下がるばかりです。その上に、過去の著作においても、末永く販売にご尽力いただき、本当に感謝しております。ベストセラーよりロングセラーを大事にしている私にとって、御社の販売姿勢は、これほどありがたいことはありません。本当にありがとうございます。

次に、本書にて事例紹介にご協力いただいた皆様。本当にありがとうございます。皆様方のお知恵と行動で生み出された成功事例を、まるで私の手柄のように書いている箇所も、もしかしたらあるかもしれません。それにもかかわらず、原稿をチェックしていただいた際にも、何の躊躇もなく掲載をご快諾いただき、深く感謝しております。また、本書文体のテイスト上、やむなく敬称を割愛して紹介させていただいたご無礼を、この場をお借りしてお詫び申し上げます。

また、私の顧客戦略や、バリューレター・ニュースレターなどの販促ツールを、全国のお店に紹介いただいている代理店様に深く感謝いたします。前職時代、飲食店向けからはじまったこの仕組みですが、今では美容院・サロンを中心に、クリーニング、寝具店、ガソリンスタンドと大きく拡がってまいりました。これもひとえに、代理店様方のご協力と活動があってのおかげです。本当にありがとうございます。

そして何より、「高田さんのおかげで、売上げが上がりました」と言っていただける、多くのクライアントの皆様、顧客戦略実践者の方々、本当にありがとうございます！　皆様方の行動と結果がなければ、私の顧客戦略など机上の論理に過ぎません。今後も新しい販促手法をご提案してまいりますので、一緒に歩んでいきましょう！

そして、私と妻を生んでくれた両親。いつも孫達を可愛がってくれてありがとうございます。私が小学生の頃。学校に向かっていると、母は私の姿が見えなくなるまで、家の窓からずっと見送ってくれていました。寝相が悪い私が、夜中にふとんを蹴脱いでいると、気づくたびにふとんが、そっとかけ直されていました。いつもは厳しかった父ですが、私が学校に遅れそうになると、何も言わずに車を用意し、信号無視までして（時効です）学校まで送ってくれました。貧乏だった食卓に、たまにイチゴが載っていたりすると、父は少しだけイチゴを頬張り、残りすべてを私と兄に分けてくれていました。このようなことを挙げるときりがありませんが、当時はすべてが普通のことで、感謝の念さえ抱いたことはなかったと思います。

今、同じことを子供にしている自分がいます。あの時にはわかりませんでしたが、「あー、こんな気持ちだったのか」と、改めてあなた方の思いに気づかされます。子供達を抱きしめるたびに、「私も妻も、両親からこんな思いで育てられたんだ」と、気づかされると同時に、あなた方への感謝の念があふれ出てきます。これからも、どうか長生きしてください。

そして、最愛なる子供たち。お兄ちゃんは努力が実った結果、自らの選択で、大きな決断をしました。父として、いつも「結果がすべて」とは言ってきましたが、それ以上に君が、最後まであきらめず「努力をし続けたこと」こそを、誇りに思います。

そのお兄ちゃんの背中を追いかけるように、弟である君もがんばっているね！　まだ小さな体で、一所懸命にがんばっている姿に、パパとママはいつも胸を打たれています。２人とも、まだまだ先は長い！　夢はひとつだけではなく、たくさん持っていいと思う。その夢を、ひとつでも多くかなえられるよう、これからも一緒に頑張ろう！


――最後に。いつも、私と子供達を支えてくれている妻・真由美。

独立・起業してからのこの８年間、いろいろとたいへんなことがありましたね。そんな中でも、ある事件で私の髪が真っ白になるほど落ち込んでいるとき、「大丈夫、大丈夫。たいしたことないし、たいしたことになってもパパなら大丈夫！」と、（何の根拠もなく）とにかくずっと励まし続けてくれたこと。あるいは、一から事業を立ち上げてきたこの８年間、「仕事のことだけはパパに任せておけば大丈夫！」と、（何の根拠もなく）信頼し続けてくれたこと。本当に感謝しています。

あなたの、その私に対する（何の根拠もない）絶大なる信頼感こそが、私の自信となり、私のモチベーションとなり、私の行動の源となっています。

これからも、引き続き何の根拠もなく、信頼してください。何の根拠もありませんが（笑）、きっと、今以上に幸せにしてみせます。いつも本当にありがとう。

もちろん、この書籍をお買い上げいただいたあなたにも、最大級の感謝をお伝えして筆を置きたいと思います。

また次回作でお会いできることを楽しみにしています。

高田　靖久

さて、この書籍をお買い上げいただいた、あなたへの特典です。

本書籍の内容を実行に移すためには、なくてはならないものがあります。それが「**顧客情報の活用**」です。特に飲食店などでは、顧客情報収集が顧客戦略の成功を左右します。もちろん、当社ではこのノウハウを持ち合わせています。また、顧客戦略には４つの step がありますが、実は美容院などのサロンに対してだけ「第５ステップ」を持ち合わせています。それが「**来店サイクルを短縮する方法**」です。

この２つのノウハウについて、既に無料レポートとしてまとめておりますので、お知りになりたい方は、下記の**ホームページから入手してください**。あなたが顧客戦略を実践する際には、必ず役に立つはずです。ただ、このサイトは予告なく公開終了としますので、早めのダウンロードをおすすめいたします。

「顧客情報の集め方」「来店サイクルを短縮する方法」ダウンロードURL
https://www.takatayasuhisa.com

本書の話は顧客戦略の一部にすぎません

本書ではくわしくご紹介できませんでしたが、顧客戦略には４つの Step があります。

Step① 新規客を【集める】手法	Step②お客様を【固定客にする】手法
Step③ お客様を【成長させる】手法	Step④お客様を【維持する】手法

私は、この４つの Step を『**顧客戦略支援プログラム　LTV-MAX**』として体系化し、お店の**顧客戦略導入支援や講演活動**を行なっています。他社製の顧客管理ソフトを導入されているお店でも、顧客戦略のノウハウだけでもご活用いただけます。基本的には美容院・サロン・飲食店・クリーニング店・ガソリンスタンド・寝具店を中心にご活用いただいていますが、店舗経営であれば、ほとんどの業態で応用活用が可能です。

また、本書でもたびたび登場しましたが、多くの経営者様が私の講演をきっかけに業績を伸ばされました。その講演『**店舗経営"売れるしくみ"構築プログラム　４つの STEP**』の基本講演バージョンが、**DVD に収録されて販売**されております。

ご興味がある方は、下記ホームページをご参照ください。
https://takatayasuhisa.com

【この書籍全般の参考文献およびお勧め書籍】

◎『顧客満足型マーケティング』荒川圭基（ＰＨＰ研究所）
◎『人生を変える80対20の法則』リチャード・コッチ（ＣＣＣメディアハウス）
◎『影響力の武器』ロバート・Ｂ・チャルディーニ（誠信書房）
◎『失われた「売上げ」を探せ！』小阪裕司（フォレスト出版）
◎『「惚れるしくみ」がお店を変える！』小阪裕司（フォレスト出版）
◎『「儲け」を生みだす「悦び」の方程式』小阪裕司（ＰＨＰ研究所）
◎『小予算で優良顧客をつかむ方法』神田昌典（ダイヤモンド社）
◎『あなたの会社が90日で儲かる！』神田昌典（フォレスト出版）
◎『口コミ伝染病』神田昌典（フォレスト出版）
◎『お客様は「えこひいき」しなさい！』高田靖久（ＫＡＤＯＫＡＷＡ）
◎『「1回きりのお客様」を「100回客」に育てなさい！』高田靖久（同文舘出版）
◎『『お客様が「減らない」』店のつくり方』高田靖久（同文舘出版）

著者略歴

高田靖久（たかたやすひさ）

某大手ＩＴ企業にて20年間、美容院・飲食店を中心とした、顧客管理ソフトおよび顧客戦略支援ツールの商品企画・販売に携わる。入社から数年は「売れない営業マン」。その後、一念発起。「基本給の５分の１」を自己投資に活用し、短期間で営業および店舗経営ノウハウを身につける。そのノウハウをツール化して既存クライアントに提供したところ、前年比300%アップなど、売上拡大するお店が続出。

このノウハウを全国のお店に伝えていきたいと、現在は独立。美容院・サロンや飲食店、クリーニング店、寝具店、ガソリンスタンドを中心に、お店の「顧客戦略立ち上げの支援」や「販売促進のサポート」を行なっている。顧客戦略支援ツールおよび顧客管理ソフトの販売・導入実績は1800店舗を超える。

多くの繁盛店を生み出すきっかけとなった講演「店舗経営　売れるしくみ構築プログラム　４つのSTEP」は年間70回以上実施し、常に満員御礼。全国の商工会議所、商業組合、中小企業などからの講演依頼が後を絶たない。現在はWebでの講演も積極的に行っている。

著書として、『「１回きりのお客様」を「100回客」に育てなさい！』、『お客様が「減らない」店のつくり方』（ともに同文舘出版）、『お客様は「えこひいき」しなさい！』、『お客様を３週間でザクザク集める方法』（ともに中経出版）他がある。

• 著者のホームページ：https://www.takatayasuhisa.com/

最初から「１００回客」を集める方法

2020年10月29日　初版発行

著　者――高田靖久

発行者――中島治久

発行所――同文舘出版株式会社
東京都千代田区神田神保町1-41　〒101-0051
電話　営業03（3294）1801　編集03（3294）1802
振替00100-8-42935
http://www.dobunkan.co.jp/

ISBN978-4-495-54068-5

印刷／製本：萩原印刷　Printed in Japan 2020